# 冒險力

## Google、Facebook 都在用，駕馭不穩定未來最需要的實力

Bet On You：How To Win With Risk

安琪．摩根（Angie Morgan）
寇特妮．林奇（Courtney Lynch）◎著
陳思華 ◎譯

高寶書版集團

獻給艾德（Ed）、賈吉（Judge）和加德納（Gardner），
願我們共同經歷的冒險能一直感覺像不可思議的探險。

——安琪

獻給潔咪（Jamie）和崔西（Tracie），
你們擁有放手一搏需要的所有力量。

——寇特妮

# 目錄

序章
# 保險起見悖論

我們從小就被灌輸選安全的路走的觀念。從人生的初始階段，我們便用「不」、「不要」和「避免……」等以策安全的話來修正自己的行為。

後來，我們在學齡前後聽到的童話故事和童謠更加深這個觀念。

還記得《小紅帽》的故事嗎？關於一個小女孩偏離道路，和陌生人交談，導致她差點遇害，並害死祖母的故事？對，這故事背後的涵義一點也不難猜。

過了聽故事的年紀後，我們開始聽到一些關於安全的諺語，像是「小心駛得萬年船」以及要我們遠離麻煩的話「好奇心殺死一隻貓」。還有一些好心人會教我們怎麼才能小心謹慎的生活，例如爸媽會告訴我們哪些朋友不要交，學校的輔導老師會鼓勵我們申請「保底學校」，以防萬一高中畢業後夢想並未實現。

這些人生教訓對當時的我們來說受益良多。如果你從未摸過燒燙的瓦斯爐、從未拿過陌生人的糖果；或者往好處想，你有過一段十分有驚無險的經驗，那你很幸運學到這些寶貴的人生教訓。

然而，總有那麼一天，這些觀念將不再有效。當我們發展出能保護自身免於傷害的判斷力，決定自行做主，一手掌控自己的人生時，一貫保險的作風所帶來揮之不去的影響，會阻止我們尋求經驗，朝自己設想的美好生活邁進。

聽起來很矛盾，對不對？幫助我們長大成人獲得美好前程的觀念，卻可能是我們實現夢想的絆腳石。

幾乎在每一位上門諮詢的成人領袖身上，我們都看到了保險起見心態所造成的深刻影響。作為成功的領導人才顧問公司 Lead Star 的創辦人，我們花了將近二十年的時間成為專業人士的幕後推手，幫助他們拓展視野和領導技巧，從而提升成果。我們傾注畢生心血幫助他人成功，並有幸與Google、Facebook、沃爾瑪和聯邦快遞等大企業合作。

就像美國國家美式足球聯盟的四分衛為了掌握完美的出手時機和策略看了上千小時的影片，我們目睹了無數領導者做出的許多決定，也有機會指導他們克服挑戰、失敗、挫折和失誤，協助他們重新朝更偉大的抱負出發。透過有幸參與領導人才培訓指導，我們發現即使是最優秀的領導者往往也欠缺某個可帶來突破的關鍵技能——**始終願意冒險賭一把的能力**。

在本書中，我們將帶你探索美好的生活中普遍最欠缺什麼要素，它有助於你減少生活壓力，獲得更多成就及快樂。我們已見過太多領導者因為沒有意識到自己真正的能力，而在不必要的衝突、焦慮、沮喪和失去快樂中掙扎，反而默許開啟從小深植於腦中的安全模式。

好消息是有個方法能讓我們掙脫偏愛安全的枷鎖，在你現在的處境和想達成的目標之間搭起橋梁。那就是接受並發展一個你過去大概很少關心、如今卻至關重要的技能，因為它有助於把生活各方面的不確定性化為大好機會。

這個技能就是**知道如何冒險**。

## 冒險：成功公式中不可或缺的配方

冒險是你的成功公式中不可或缺的配方，無論對你而言成功的定義是：

- 繼續接受教育
- 拓展一直想從事的副業
- 從城市搬到郊區以達到生活平衡
- 獲得看似遙不可及的升遷機會
- 中斷職業生涯搬到海外居住

- 參與更多社區活動使其煥然一新
- 在職業生涯巔峰組建家庭

我們能理解從未有人告訴你在人生的旅途中冒險有多麼重要。不騙你，我們也一樣。

我們的成長軌跡很類似，從小被教導要確保安全，之後又聽說接受良好教育，建立人際網路，棲身於「良好」的工作崗位上，是出人頭地的必要條件。從未有人與我們促膝長談「冒險」的重要性。

我們兩人都是在加入海軍陸戰隊後，才靠自己偶然發現這件事，也是在當時建立起了這段友誼。出乎意料的是，吸引我們加入的並非軍隊的冒險性質，而是別的東西：渴望超越自我的勇氣，進而報效國家，脫胎換骨（也是為了賺學費）。當時的我們還不知道，從簽署入伍的那一刻起，就將進入「如何冒險」的大師班。

退役後，我們決定合力一起冒更多險。我們意識到在陸戰隊學到的領導技巧對生活各方面都很有用，於是在二〇〇四年成立了公司 Lead Star。當時我們才二十多歲。我們也知道大多數人並未像我們一樣實際學過領導的方法，這往往是連接他們才能、學識和事業心之間缺失的一環。我們想在這方面盡一份心力。所以我們共同拿出一部分積蓄，刷卡補足資金缺口，開始步上合夥開公司這條路，幫助專業人士提高領導能力。

我們把這整個事業視為一個機會，盡可能將受海軍陸戰隊訓練啟發的領導力課程分享出去，幫助人們了解領導力並非組織結構圖的一部分，而是一種行為。領導力能影響事情的結果並激勵他人。一家公司中任何職位的人都有能力領導他人。當他們展現領導力的時候，就會產生好的結果：可以建立信任、贏得尊重，還能將一盤散沙塑造成一個團隊。

我們還寫了另外兩本關於領導力的書《領頭羊》（暫譯，*Leading from the Front*）和《火花》（暫譯，*SPARK*）。不要懷疑，我們會使用任何可用來傳播理念的管道。我們的滿腔熱血一直在幫助人們以從未想過的方式進步。

這本書也是用同樣的精神寫成。我們的目標是幫助人們成功，不僅藉由改善領導技能，還要透過建立敢於冒險的心態，搭配相稱的冒險技巧，讓你鼓起勇氣從事一直以來想做卻猶豫不決的事。

## 不是只有歷史性的一刻才叫冒險

我們談論的冒險，並非那種浩瀚、怵目驚心的史詩級場面，通常會使人聯想到海軍陸戰隊的宣傳影片——全副武裝的軍人朝一陣混亂的方向衝去，準備進入槍林彈雨之中，置自己於危險境地；而是藉由持續一點一點地冒險，幫助我們了解如何逐漸脫離舒適圈，找到正確的焦點和日常生活的責任感，化不可能為可能，以及如何利用強大的團隊力量，達到你心目中的願望。（這是我們強調的重點：要成就大事，需要強大的支援網路！）

這是本書介紹的冒險公式的一部分——我們已經將同一套公式運用在日常生活所遇到的每一項考驗中，並且得到十分深遠的成就，比如建立一家價值數百萬美元的顧問公司，向全球企業龍頭的領導者提供建議，以及更重要的，打造自身的工作生涯以支撐我們的生活。我們可以很自豪地說，我們的工作職責從未束縛住我們；我們的業務往來無關地理位置，讓彼此的家人有幸去到許多美麗的城鎮居住。我們也很高興跟各位分享如何藉由冒險發現與充實生活相稱的快樂、有意義的挑戰和探險。

我們也知道談論冒險不能只看好的那一面。

儘管你無庸置疑會聽到我們把冒險為生活帶來的價值說得天花亂墜，我們也明白不是每個選擇都能按計畫進行。（面對現實吧，事情很少如願以償。）有時候冒險會讓你誤入歧途，或經歷華麗的失敗。本書毫不避諱地分享許多我們失策和錯誤的經驗，藉由分享這些經驗，你將能從中汲取教訓，我們也希望你能更自在地接受自己的失敗。我們知道失敗絕非終點，過去錯誤的決定不該導致你在思索未來的行動時退縮。挫折會帶來強而有力的教訓，幫助你習得智慧和經驗，你可以利用這些特質讓自己迅速進步。

我們也知道，儘管你有良好的初衷，也付出最大的努力，失敗幾乎是不可能避免的。不管你喜不喜歡，失敗就是人生可能發生的事。本書主要想提倡一個觀念：在會讓你成長的重要事情上失敗，比什麼都不做來得好。換句話說，假如你注定要失敗，我們希望你把握機會，做好準備讓自己重新振作，如此一來，你將因為每一次的經歷變得更強大且更有韌性。

## 賭一把：生活和事業勢在必行

所以，從你的現況看來，你並沒有考慮到對自己及你的生活而言重要的東西是什麼。但沒關係，為了改變而改變毫無意義。如果你對現在的生活很滿意，那就順其自然吧，這本書仍可派上用場。

在全球疫情肆虐期間，很多人意識到長期以來被我們視為安全網的人事物：雇主、政府、退休金帳戶，甚至是家人，並不能保護我們避開每一個威脅。生活中唯一真正的安全感來自你貫穿畢生事業所建立的東西——你的才能，這是你的安全網中最重要的元素之一。我們觀察到一些現象，覺得有必要分享出來。當你結合自己的才能和冒險的能力後，就能做好準備，有效地應付任何洶湧而至的外來干擾。

此外，增強冒險實力能提升你在工作上的表現；畢竟，冒險是很多企業非常希望員工培養的一種高價值且高需求的能力。世界經濟論壇定期向企業家做問卷調查，詢問未來在工作上需要哪些技能。這些領導者越來越常提及在現在和未來的全球勞動力中，需要的是創意、創新和解決難題的能力——這些技能都與承擔和管理風險有關。因此，如果你在開會期間想到一個不知道該不該提出來的想法，我們希望你能鼓起勇氣分享，有信心自己可以發揮帶頭作用，樹立採取行動的榜樣。

## 我們共同的旅程

本書分為三個部分，透過實際指導，幫助你踏上通往成功的道路，過上稱心如意的生活：

**＊第一部分：重新思考何謂冒險**

我們將揭開冒險的神祕面紗，帶你理解冒險的概念及其特性。冒險常常被錯誤地與報酬相提並論，彷彿當你決定為自己抓住機會時只有兩種選擇。這種不是贏就是輸的二分法會使我們的視野變得狹隘，不知道什麼才是真正的冒險，而且往往會阻止你看見自己其實有能力正面迎接並通過挑戰。

**＊第二部分：定義成功並付諸行動**

我們將利用步驟分解指導你如何透過冒險，以思慮清晰、循序漸進的方式做出改變。首先當然需要遠大的夢想，但我們會幫助你提升夢想的品質，因為我們知道瑣碎的夢想幾乎不需要指導就可實現。

還有要記得，我們不提倡莽撞的冒險；我們希望你能在兌現自己的目標和願景的情況下向前邁進，而且要適可而止。長期和持續性的改變需要時間和紀律，應該為你帶來快樂和滿足。你更可能在享受冒險的期間實現自己的夢想。我們會多管齊下幫助你從生活中獲取想要的東西，使你的努力富有意義；我們還會幫助你找出能在背後支持你的人，在正確的時間獲得正確的指引能加快你成功的速度。

## ＊第三部分：保持安全並認識勝利的意義

編織強大的安全網是建立信心以持續利用冒險達到目標的關鍵因素。我們會指導你該怎麼做，同時幫助你認識勝利的意義。我們已經看過太多專業人士以傷身傷心的方式不斷追求成就。我們自己也曾落入這個成就陷阱中。

雖然聽起來很不合理，但我們必須學會識別何時獲得進展，才能既品嚐勝利的甜蜜果實，又能利用該經驗成長並拓展技能。如果我們看不清自己的能力，就會相信我們沒有能力完成生活目標。

## 個人冒險宣言

大多數專業人士都知道實現夢想需要努力和強烈的奉獻精神，我們也同意這一點。但不要拖了一年又一年，才鼓起勇氣去過對自己有意義且充實的生活。本書會把焦點放在你身上，以及為什麼現在是你邁向前方願景的時刻。我們將透過分享這一切實際上只是個決定，幫助你調整冒險的程度，然後採取行動，帶你走上成長與發展的道路。

我們希望你能成功，因為你辦得到。為了這個目標，我們將為你制定一個循序漸進的冒險計畫。在閱讀本書的過程中，你將有機會進行簡短且完整的線上練習。我們鼓勵你每讀完一章就做一次練習。如此一來，在讀完本書後，你將得到屬於你個人的冒險宣言，它是讓你在生活中成功冒險的詳細計畫。開卷有益，但反思和行動更重要。我們希望你連上網站，確保利用一切優勢透過冒險在生活中取得成功。

## 這就是重點

市面上有很多書會講述激勵人心的故事。但本書另闢蹊徑。當然我們也希望透過這本書講述很棒的故事——不僅是我們的個人經歷，還包含眾所皆知以及其他不知名領導者的故事，他們的生活範例能成為很好的教材，作為冒險能帶來力量的有力證據。

然而，這本書更像是一種使命。

我們熱衷於冒險的價值，在各方面都有過親身經歷。我們並非所謂的富二代，繼承爸媽的財產，過很好的生活。我們兩人讀的都是公立學校，只是剛好有足夠的膽量認為自己可以成為海軍陸戰隊員。經由這次顛覆觀念的經驗，我們掌握了一連串技能，作為完成日常生活中每一件大事的催化劑。我們不想把對冒險所知的一切當作祕密，我們希望分享出去，讓你親身體驗，因此過上更好的生活：擁有更好的工作、在工作和生活之間取得更好的平衡、更好的人際關係以及更美好的未來。我們知道要過更好的生活，你只需要不斷重複一個簡單的舉動：**賭自己一把**。

## 第一部分

# 重新思考何謂冒險

第一章
# 重新思考何謂冒險

「做每件事都是冒險，什麼都不做也是冒險，由你決定。」

——妮可拉·詠[1]

**快速瀏覽**

本章旨在重塑你與冒險的關係，使你了解如何運用這種致勝特質達到你心目中的重要成就。

**重點發想**

- 冒險是通往成長、機會、自我導向、轉型和正向變化的唯一途徑。
- 正確的冒險方式是一連串經過衡量、深思熟慮、帶有目的、精心策畫的步驟，並且需要循序漸進的行動，並非一蹴可幾。
- 對充斥著不確定性的旅程持開放態度，能帶來比你想像更精采且豐富的體驗。

我們將冒險定義為面對不確定性所採取的行動。由於沒有人能夠預知未來，代表風險和不確定性始終存在我們的生活中。一旦你承認這個事實，就會開始適應冒險的概念，有助於你心態更加開放，有策略地在生活中冒險，而不是想盡辦法消除風險。

冒險是一種有意識的選擇，能讓你的生活進步，而不是受外部因素擺布。

雖然我們常常將冒險視為不好的選項，但其實冒險的結果好壞參半，不會總是立竿見影。你今天做的選擇可能會導致某個直到未來才浮出水面的機會。事實上，現在冒一些小風險可能會成為你未來最大的投資。

而且，跟賠率有利莊家的賭博不同的是，我們認為當你冒險時，會連帶影響自己的生活方式，進而提高成功的機率。此外，冒險帶來的任何負面結果都等同於豐富的學習和成長經驗；只有當你停止成長時，失敗才可怕。雖然失敗可能會帶來挫折，但也可能會成為幫助你吸收慘痛教訓的經驗。畢竟，回首過往，你人生中最好的老師是失敗還是成功？失敗，對不對？雖然我們直觀地知道這一點，然而不知道為什麼，這個邏輯卻不足以讓我們從避免失誤的機制中跳脫出來。

協助領導者重新思考何謂冒險是我們身為教練的重點。我們有責任認真地幫助他們重新建構關係，因為我們已經看到在日常生活中決定不冒任何險實際上可能是我們人生最大的風險。

我們很難突然喜歡上冒險，因為冒險一詞通常與危險、危害、責任或威脅脫不了關係。然而，以上辭彙都只代表一部分的涵義。冒險有另一個更重要但鮮為人知的一面，即它是通往所有你可能獲得的經歷：成長、機會、自我導向、轉型和正向變化的唯一途徑。

如果害怕冒險，當事情出現不確定性時，你就可能會出於恐懼而非自信的力量做出決定。比如說，你從事著一份不喜歡的工作，然後有一天聽到要被解僱的消息，你大可在意識到這份工作不適合自己後，轉個念頭將其想成是一個換工作的大好機會，然而你卻冒著被降薪和不被重視的風險，拚命地爭取留下來。

沒有人想落得那種境地，不幸的是，很多人因為害怕風險和對冒險相關的實際技巧不熟悉，而讓自己吃悶虧。雖然我們顯然無法避免風險，但我們可以掌控面對風險時展現的技巧。透過冒險並讓生活中出現不確定性，能讓你更適應令人不安的環境，進而影響人生的方向。一次深思熟慮的冒險必定會導致下一次冒險，而當你建立冒險實力時，將會加強自身的風險承受能力。

## 利用萬花筒分類法平衡風險

還記得小時候驚嘆於萬花筒的奧妙嗎？舉起鏡筒，看見圖案對稱、色彩繽紛的碎片，接著把鏡筒轉動一次，看到碎片變成另一種五顏六色且對稱的新花樣。萬花筒使人為之著迷的祕密，就在於碎片會在每個大小相同的內室裡排出正確的組合。

本著冒險的精神，我們不僅希望你把萬花筒的每個內室看作組成美好生活的元素，還要想像成你能引導的冒險領域，讓你邁向自己心目中的成功目標。下述是大多數人，無論性別，通常會渴望進行冒險的領域：

- **生活中的冒險**：我們所擔任的某些重要角色，例如伴侶、父母和朋友，能讓我們提升運用冒險增強實力的技能。

- **職業生涯中的冒險：**我們之中很多人花在工作的時間比生活其他方面還多。在工作上有策略地冒險可以培養技能，有助於獲得更好的成果。
- **產生影響的冒險：**為他人及自己的社區服務，是在我們生活中最重要的領導角色之一。
- **帶來快樂的冒險：**尋找樂趣、充實感和滿足感是我們人生旅程的動力，少有冒險的生活限制了帶來快樂的機會。

在閱讀本書的過程中，我們會分享上述各領域的冒險事蹟，讓你對自己生活中同樣能進行冒險的領域有更強烈的認識。在你反思這些故事時，可能還會發現你在某個領域能輕鬆自在地冒險，另一個領域卻有著些微不足。我們就時常發現這種情況：

- 我們在海軍陸戰隊冒著生命危險作戰的同袍，卻極其厭惡在退役後回到學校繼續課業。
- 在社區管委會對自己熱衷的議題直言不諱的朋友，卻沒有勇氣在工作上為自己協商加薪。
- 很多同事寧可為了升職，犧牲與家人相處的時間，卻不願換工作以獲得更有彈性、更適合有家庭者的機會。

我們將告訴你盡可能在生活中冒險是很重要的，因為透過開始冒險所累積的經驗，會讓你在面對突如其來的風險時準備得更加充足。寇特妮就遇過這種情況，在她職業生涯早期，曾經嘗試將工作上勇於冒險的心態應用在個人的生活當中。

## 生活中的冒險：寇特妮的故事

### 不確定性帶來豐富生活的元素

我是凡事都要詳細規畫的人，所以當到了增添新的家族成員時，我不得不承認我對整個過程感到很緊張。我知道我的生活將產生巨大變化，我會把人生一些控制權交給這個既神奇又可愛的小生命；但我和我的丈夫派翠克知道我們已經準備好擴大我們的家庭，迎接這個孩子來到世上。

幸運的是，沒多久我就懷孕了。

現在回想起來，我在第一次產檢前的記憶並不多。但對於第一次產檢的細節倒是記得很清楚。我和派翠克一起開車前往醫院，早早就抵達診所，等著看下午的約診。候診室沒什麼人，我們沒有看雜誌打發時間，只是邊等護理師喊我的名字，邊懷著興奮的心情聊天。很快診間的門便打開來，護理師喊了我的名字。我們兩人跟著護理師進到一個小房間，她先為我測身體數值、量體重，詢問我關於驗孕陽性的問題，接著便帶我進去超音波檢查室。

「恭喜啊！」我的醫生握了握派翠克的手，並給我一個擁抱。隨後向我們解釋照超音波是確認懷孕的一種方式，而且可以更準確地預估寶寶的預產期。很快檢查開始。幾分鐘後，我的醫生再次開口，卻不是我預期會有的語氣，他驚呼道：「呃——噢！」

我感到一陣驚慌。「呃——噢」不是我想聽到的話。我知道第一次懷孕不一定會成功，而我目前只懷孕約八週的時間，對孕婦來說是很不穩定的時期。他一定看到了我臉上擔憂的表情，因為他再次開口：「不是什麼壞事，但我想更確定一點，再等我幾分鐘。」他一邊說，一邊繼續操作著超音波儀器的刻度盤。

不是壞事？那會是什麼？我焦急地轉向站在一旁的派翠克。我觀察著他那件海軍藍襯衫，是我們某次去西部旅行時他買的紀念品。上面印有印地安圖騰柱的圖像，每根柱子的臉上都有著奇特的表情。當我和派翠克面面相覷時，我們兩人都渴望知道更多消息。接著，我的醫生脫口而出一句話，完全改變了我為擴大家庭所做的計畫。「是雙胞胎！你們懷了一對雙胞胎，兩個寶寶都很健康！心跳很有力。」他一邊說，一邊把儀器的音量調大，讓我們聽得更清楚一點。那肯定是改變我人生的時刻。

當然，當我把這個消息告訴我父母和兄弟姊妹時，他們都很興奮。他們表示做事總是按部就班的我不可能計畫到會懷雙胞胎。這話說得很對！我的家族裡沒有雙胞胎史，後來我得知我肚子裡的同卵雙胞胎，約一百零五次懷孕才會發生一次。目前現代醫學還不能解釋為什麼會有同卵雙胞胎的現象。一個健康的卵子分裂，最後得到兩個寶寶。有人說這就像是中了寶寶樂透；然而，作為第一次懷孕、凡事都要詳細計畫的媽媽，懷雙胞胎這件事讓我心懷恐懼。

但在許多年後，我成了一個自豪且身經百戰的雙胞胎媽媽。我的兩個女兒潔西卡和卡拉仍讓我每天充滿驚喜，同時也驚訝於自己疼愛、呵護和支持他們的能力逐漸增長。在我為人父母的旅途中，這個完全出乎意料的轉折教會我迎接生活的不確定性有多麼快樂，還強調了以深思熟慮、明理且有意識地持續冒險的價值。而儘管你只能計畫這麼多，但當你做好準備朝向未知領域冒險時，你會擁有最美好的體驗，以你設想不到的方式豐富你的生活。

## 冒險的三大誤區

我們知道本書談論冒險的方式跟你先前見到的大相徑庭。為了讓你更了解冒險的價值，我們想先介紹一下阻止人們接受冒險的三大誤區，希望藉由打破這三個一般人普遍擁有的觀念，讓你重新將冒險視為成功公式中一個強而有力的配方。

## ＊誤區一：冒險是報酬的反面

想想看你一生中發生的好事，或許就包括以下里程碑：拿到文憑、結婚生子、獲得升職或贏得競賽。

現在請你想一想：如果你不冒險，上述這些正面的經歷都不會發生。為了實現任何你引以為傲的壯舉，你踏入一個充滿不確定性的世界，無法保證成功的機率。再想想看上大學或結婚，兩者成功的機率都各有一半，儘管可能性並不算高，但當人們決定前往追求時，其他人往往會用祝賀禮物和送別派對為他們慶祝。

所以當你回顧過去的時候，你絕對會發現以前冒過險。但是，你過去所冒的險和現在猶豫不決不敢追求的東西又有何不同？我們會說你過去的經驗在當時感覺不像在冒險，因為那些都是主流的觀念且蔚之流行——受到社會的鼓勵，父母也都同意。大家都這麼做，所以感覺很安全。

當我們汲取的經驗越多，對人生的夢想和抱負就會變得越獨特。我們意識到自己對想追求的東西帶有某種特定的偏好和想法，這些想法包括想像走上不同的道路，而非選擇其他人走過的老路。不循規蹈矩或不同於尋常里程碑的冒險讓人覺得有點可怕，也更危險。這就是我們生活中會碰到的保險起見悖論。

如果我們敢想像一個稍微超過可接受的「美好」範圍的未來，我們的直覺會驅使我們重新揣測自己，或提出理由為什麼最好不要有所行動。然而，我們真正期望做的事、完成的目標或經歷可能會是極其有用的指標，讓我們知道要怎麼找到滿足、貢獻和充實感。為了培養朝對你而言重要的目標邁進所需的堅定勇氣，你需要重新思考何謂冒險。

與其相信冒險是報酬的反面，我們希望你將其視為獲得報酬的途徑。這並非一條平坦、明亮的道路，甚至不是一條直路。這條路就像《綠野仙蹤》

裡的黃磚路一樣，一路上充滿冒險的元素，有機會結識一些令人興奮的同伴，也會遇到一些必須克服的障礙。最後，你會發現自己像桃樂絲一樣擁有或能獲得實現目標所需的東西。你只需相信自己的才華、能力和過去冒險的表現，是你未來冒險成功的重要指標。

當安琪的朋友凱蒂．貝托達托意識到自己必須賭一把，才能體驗她人生渴望的成功時，她開始走上一條充滿艱辛挑戰的報酬之路。每當她克服一個挑戰，都獲得越來越好的成果。她的冒險旅程讓我們看到重新思考何謂冒險會發生什麼事。

## 生活和職業生涯中的冒險：凱蒂・貝托達托的故事

### 一次一英里的冒險

當凱蒂辦完離婚手續後，她的銀行帳戶裡只剩十二美元，而且還有兩個年幼的兒子要照顧。當時她在一家酒吧當侍者，讓她足以維持生計，但她知道這樣無法讓她和孩子們有簡單樸實的生活，像是度假、外出吃飯，甚至有自己的家。她很清楚地知道若要改變現在的處境，就必須做一些大膽的嘗試。就她而言，破除現狀的辦法就是回去上大學。

辦學貸對她來說是件可怕的事，因為如果回去上學沒辦法達成她的目標，她的處境就會比剛開始還艱難；然而，她堅信自己必須往前邁進——不能回頭。起初在工作、學習和養育小孩間取得平衡確實很困難，但過了一段時間，她便在當地的社區大學獲得專科學位。

在此激勵下，她不斷向前邁進，申請了她所居住的密西根州所有四年制的大學。令她驚訝的是，她申請上了她最夢寐以求的密西根大學。更重要的是，當她收到錄取通知書時，還獲得全額獎學金和租金給付，這都多虧了她低收入戶和單親媽媽的身分，以及在高中和大學獲得優異的學業成績平均點數。

凱蒂和前夫共同協商了一份臨時監護日程，還嘗試安排兩個住所，一個和她的兩個兒子一起，另一個位於安娜堡，距離她家四個小時的車程。兩年來，每個星期一早上，凱蒂會在凌晨三點起床，隨即驅車南下，讓她可以早點抵達學校上八點的課。然後星期四她會在學校待到中午，一下課便奔回車上，這樣她才來得及回到北部接孩子們放學。

在此期間，她碰到過不可避免的小問題和麻煩，有時也會讓她感覺難以克服，像是爭取監護權、房子租約到期和自我懷疑；但是，凱蒂都堅持了下來。總之，她為了取得學位，汽車里程總共跑了三萬多英里。到了畢業那天，她很興奮地當著孩子們的面領取畢業證書。她的同學受到她的故事啟發，選她作為畢業生代表致詞——台下聽眾有超過一萬名畢業生以及他們的家人。她提到進學校讀書不僅有助於為她的兩個兒子創造更好的生活，她還發現如果沒有在這場冒險中汲取的教訓和經驗，以及在未知領域中闖蕩收穫的自信，她身為一個特殊的學生是不會成功畢業的。

凱蒂現在是一家物業公司的老闆，常常跟家人一起開心地去旅行，住在豪華社區一棟漂亮的房子中，終於可以按照自己的條件過上好生活。她經常提醒自己，如果她能拿自己銀行帳戶僅存的十二美元賭一把，那麼在她的人生中，就沒什麼是她無法用專注、責任感和她自身冒險的技巧來克服的。

### *誤區二：冒險是衝動的行為

我們的社會傾向慶祝突如其來、戲劇性的轉變——有沒有人看過《到美國結婚去》（90 Day Fiancé）這個戀愛實境節目？（編註：該節目追蹤正在申請或已獲得 K1 簽證之伴侶的動態。該簽證要求外國人必須在入境九十天內與其美國公民伴侶結婚）或許你也聽過下列口號和呼籲：放手一試！長痛不如短痛！辭掉工作，改變生活！

當關係到對你意義重大的冒險時，不要聽從這些建議。

正確的冒險方式是一連串經過衡量、深思熟慮、帶有目的、精心策畫的步驟，並且需要循序漸進的行動，並非一蹴可幾。

大膽又混亂的冒險往往會導致不甚理想的結果。有時候我們在衝動的選擇下會看到這一點，通常是被毫無邏輯的情緒所驅使。如果你有過心血來潮買隻小狗來養，或在半夜訂購電視購物的健身器材的經驗，那你就知道我們的意思了。

創造動機代表我們參與了自己的思考過程，這麼做有助於我們發展想看見生活中出現何種改變的想法。這些想法變成信念，最後成了行為。這個公式為任何長期、可延續的改變奠定基礎，能幫助你獲得成就，同時減輕可能出現的負面後果。

我們知道很多自主改變的計畫從根本上存在缺點，就是因為並未遵循這個公式。他們莽撞行事，沒有多想的機會，就好像一時興起節食減重，卻沒有遵循任何計畫或方法；或者為學習攝影購買相機，然後突然發現自己不想花時間上課。

我們也時常在經人才顧問公司介紹、由我們高績效教練指導的客戶身上觀察到這個現象。我們的客戶通常不打算轉換跑道，但他們希望聽到某個人（就算是陌生人）告訴他們是時候改變了。他們之所以覺得振奮，是因為這是一種全新、與眾不同的想法，而且對他們來說，被別人看見自己能力突出很令人開心，以至於他們會考慮做出重大改變，像是舉家搬到國外，或是換一個單趟通勤需多花四十五分鐘的工作——儘管並未事先考慮清楚。

在這裡，我們要先說，人才顧問扮演著十分重要的角色。我們認識許多名人以及經由他們引薦獲得重要機會的人；然而，我們的指導方針對所有客戶都是一樣的：冒險的最佳方式在於，首先下定決心要改變，然後有條不紊地運用手邊可用的資源進行改變。讓想改變的決定驅使你下一步動作，不要因為機會乍現而被迫改變。

我們在海軍陸戰隊裡學到一句話，每當我們考慮對新事物採取行動時，就會感覺這句話極其珍貴：**慢就是穩，穩就會快**。當我們開始從事一件從未做過的事時，我們需要慢慢來，解決相關問題，並理解和看見機會對我們的要求。這個認知會讓我們加快行動速度，最終幫助我們更有效地實現目標，減少傷腦筋的時間。

所以，當你準備冒險時，不要衝動行事，要穩步前進，你將在不知不覺間走上自己所渴望的成功大道。

## 職業生涯中的冒險：瑞絲．薇斯朋的故事

### 如果遊戲規則不適合你，那就冒險改變規則

瑞絲．薇斯朋是好萊塢最受喜愛的女演員之一。基於廣泛的讚譽和喜愛度，她在Q評比[2]的得分一直居高不下。年僅十六歲時，她便開始她的電影生涯，出演《月亮上的男人》。然後陸陸續續演出許多大片，像是《金法尤物》和《美麗蹺家人》。二十九歲那年，她在講述音樂家強尼．凱許傳記的電影《為你鍾情》中飾演瓊．卡特，一舉拿下奧斯卡最佳女主角獎。也就是在那時候，她的事業生涯進入了停滯期。

在她三十六歲那年，《紐約客》雜誌將她評為已過氣的演員。[3]她對自己的職業生涯過早響起喪鐘感到震驚；然而，這件事也確實為她敲響了警鐘，她需要主動迎接她職業生涯的下一個轉機。

事情接下來的走向令人感到激勵，儘管沒有接到有趣的劇本或角色，

她還是決定主動出擊。主動出擊的意思不是加倍考慮其他人在這種情況下會怎麼做（多方嘗試，以較低薪酬接演獨立電影，這樣他們就可以重新讓觀眾認識自己，或者對經紀人提出更嚴格的要求，以獲得更好的劇本），而是重新思考遊戲規則。

她丈夫當時是一名厲害的經紀人，觀察到她喜歡看書，建議她與其等待適合的劇本或角色，不如從正在閱讀的書中開發自己想表演的部分。換句話說，如果遊戲規則不適合你，那就改變規則。她開始勤奮地閱讀上百本書找到可能的生產價值。二〇一六年，她的準備和策略轉變促使她成立自己的媒體公司 Hello Sunshine，後來更發行許多膾炙人口的作品（像是《控制》和值得一追的影集《美麗心計》）。瑞絲並未停下腳步。

好萊塢令人詬病的地方就是男女演員間的薪酬不平等。而她想要成立一個任何人都能有平等待遇的事業，那麼當她大獲成功時，其他人也能得到相等的報酬。不像好萊塢由來已久的規矩，在各方面都採用標準、殘酷及競爭的模式，Hello Sunshine 透過對薪酬等資訊保持透明來促進多樣性與賦權力。其公司業務還積極利用片場的多樣性，確保挖掘到各式各樣的人才。

她常常會將自己的影響力延伸到不為人知的作者身上，給予這些人的作品機會，幫助他們突破主流。她還開設線上讀書會，以促進社群參與。[4]

瑞絲．薇斯朋是一個曾在三十六歲那年被評價開始走下坡的過氣演員。而事實上，她的人生才正要開始。瑞絲體現了如何利用冒險不僅為自己取得商機，還幫助他人功成名就。她用自身的力量賭一把，並採取一連串創意手段安排自己的生活，進而提升成就。她沒有靠衝動行事鞏固她在好萊塢的影響力和領導地位，反之，她做了一個長遠且深思熟慮的考量，對她及她的行業來說都是最恰當的。

**＊誤區三：以為可以避免冒險**

班傑明・富蘭克林有句名言：人的一生有兩件事逃不掉，死亡跟繳稅。這句話恰恰代表人生的其他事物都存在不確定的因子，而只要有不確定性，就會有風險。

對那些表示自己不冒險，或選擇不惜一切代價迴避風險的人，我們要提醒各位，在沒有注意到的情況下，他們的生活中暗藏風險的機率可能更高，例如：

- 處於有毒的關係中（明明世界上到處都是更好、更激勵人心的人）
- 不安排年度身體健康檢查（卻有家族癌症或心臟病史）
- 避免讓人不舒服的談話（同時假設問題會自行解決）
- 把畢生積蓄全押在認購公司股票（而非分散投資組合）
- 把時間浪費在與價值觀和優先事項無關的事上

• 錯過獲得更大滿足感和快樂的好處（因為不追求有意義的目標）

我們認為可以透過辦銀行帳戶、做出明智的就業選擇、拿到能直接找到工作的「正確」文憑，或購買市面上最安全的車子來迴避風險，但現實是我們避不開風險。我們所能做的只有降低風險，最好是欣然接受它。

## 冒險是成長的途徑

打破對冒險的誤解，能讓你進入自我成長和發展的新天地。

想想你認識的人，他們正在冒險並發現一個成功的新時代：成立青年休閒聯賽的朋友；接受遠距工作機會的同事，現在每三個月會待在美國各地的Airbnb民宿裡辦公；或是同社區從事神職的鄰居，為世界散播更多希望和鼓勵。

上述例子也能說明當你在日常生活中刻意冒險時可以改善生活，而其他注意到的人也不可避免地會受到影響。無論你有沒有意識到，你身邊重要的人，像是你的孩子、隊友、所領導的團隊，或是服務的社群，都會尋求你的指導和鼓勵。他們從你身上得到啟示，當看到你精力充沛、神清氣爽且自主行動時，他們會有所觸動，開始模仿眼前的一切。

我們花費了很多時間直接跟經理階層合作，幫助他們重新找回團隊的凝聚力。這些人帶著真誠和開放的態度上門，尋找自我改善的方法，讓他們變得更好，進而幫助整個團隊進步。他們不僅想闖出一條新路，還想運用一些經過驗證、確切且測試過的行動來幫助他們提高效率。能幫上忙一直讓我們與有榮焉。但我們事先警告——他們會需要嘗試一些從未做過的事，這是我們不算機密的冒險密碼。

看到一點點冒險就能帶來如此積極的變化，總是讓人感到很值得，就像克雷格的故事。

## 職業生涯中的冒險：透過冒險發現全新的工作模式

克雷格是一所小型學院的院長。在一次參加我們的領導力培訓活動後，他決定透過邀請其他院長同事參加每月一次的午餐講座，向他們推廣領導的概念。會議的程序很簡單，在開始前，他會跟大家分享主題為領導力的書籍摘錄、TED 網站的文章或 YouTube 影片，要求每個人參與內容，並在會議期間提出想法進行討論。然後，當大家聚在一起時，克雷格會促進大家對該主題進行討論，確保每個人都有機會分享他們的想法，並將他們及其團隊和所做的工作連結起來。

在這之前，克雷格表示他的同事們經常為了資源爭吵，甚至連簡單的想法都拒絕合作，感覺大家都有意識地互相對抗，在自己學院成長的同時，使其他學院崩壞。令他驚訝的是，當他引進這些領導概念，像是團隊信任、可信度和問責制時，同事之間的談話和合作關係逐漸起了變化。他所冒的險：重新塑造會議和分享新的想法，改變了周圍的人事物。

你的冒險也將改變你周遭的環境，而且毫無疑問將為你帶來最大效益，我們知道這是大家都想實現的目標。

透過我們在 Lead Star 的事業，我們不斷強調正向心理學的訊息，這是由亞伯拉罕．馬斯洛博士於一九五四年的開創性著作《動機與人格》中提出的概念。在他的研究問世前，心理學著重在治療疾病以及與人類缺陷和疾病相關的負面影響上。他的研究帶來了新的轉折，為一些令人興奮的研究奠定基礎，有助於我們了解如何才能變得更好。他口中的**更好**，指的是我們如何透過發揮才能和充分的潛力，過上值得的生活並達到自我實現。

我們都能變得更好。這裡說的**更好**，不是說你必須變得更忙且做得更多。

有時候，**更好**只是要你重新設想自己的狀況，如何運用自己擁有的技能採取新的生活方式，把每一天都當成新的機會，讓你的生活適合你。

我們知道你的心裡不是有個目標，就是擁有未實現的夢想，甚至是你長久以來一直想做的事。你心中的目標太重要、太激勵人心，不能再憑運氣，或多拖一天。我們相信你擁有把握這一刻的所有能力，並且能夠採取必要行動去過你想要的生活。

當然，你總會有些藉口表示現在不是時候，或明年才是你大放異彩的年份。但這種想法沒辦法幫助你過上想要的生活，去往你想要的境界。恰恰相反。這種想法只會引導你走向某個未來，當你回顧過去時會對自己說：「如果當時那麼做就好了……」

很多研究表明敢於冒險的人更快樂、更成功，生活也更充實。我們希望你能擁有這樣的生活。我們很高興能幫助你了解為什麼接受冒險能夠帶你實現願景。隨著你越來越習慣在生活中冒險後，我們希望你利用冒險讓生活變得更適合你。當你設想可以冒險取勝的方法時，我們百分之百確定你對自己的賭注會以意想不到的方式獲得回報。

## 付諸實踐

- 前往官網 www.leadstar.us/bet-on-you 建立你的個人冒險宣言。你將看到簡短的線上練習，有助於你制定詳細的計畫，以在生活中冒險取勝。
- 仔細考量自己的萬花筒，想像你可以利用何種方式透過冒險讓你的生活達到平衡。
- 了解你對冒險的誤解以及這些誤解會對你造成什麼阻礙。
- 想想看你過去是如何成功冒險的，並利用這些結果建立面對嶄新冒險的信心。
- 意識到你對生活擁有的獨特計畫、願景和目標沒有錯；這些事很重要，需要優先考慮。

- 認識到你無意間冒的隱藏風險。
- 設想你的冒險將會為他人帶來什麼好處，並以此為動機持續你的賭注之旅。

---

1 妮可拉·詠（Nicola Yoon）。《你是我一切的一切》（*Everything, Everything*），紐約，戴爾出版社（Delacorte Press），二〇一五年，第六十八頁。

2 Q評比：Q評比或「商數」（也稱為Q評等）是對名人或事物的好感度或吸引力進行排名。Q評比越高，對該事物或人物的評價就越高。

3 《浮華世界》（*Vanity Fair*）二〇二〇年四月號。安·派契特（Ann Patchett）：〈瑞絲之書〉（The Book of Reese），詳情請見：https://www.vanityfair.com/hollywood/2020/03/the-book-of-reese。

4 二〇二一年，為了幫助她的事業「講述更多關於全球女性的人生娛樂、具影響力和啟發性的故事」，瑞絲·薇斯朋將公司賣給了黑石集團。詳情請見：https://variety.com/2021/film/news/reese-witherspoon-hello-sunshine-sold-1235032618/。

# 第二章
# 不是你，那是誰？

「你唯一注定成為的人，是你決定成為的人。」

——珍奈特．錢普和夏洛特．摩爾，節錄自一九九一年的 Nike 廣告[1]

**快速瀏覽**

本章有助於你建立自己的觀點和你與冒險的關係，讓你重新認識自己的真實能力並繼續前進。

**重點發想**

- 為了賭自己一把，你必須了解自己，學會相信自身能力。
- 冒險是一種習得的行為，這代表如果你對現況不滿意，可以重新與其建立新的關係。
- 建立信心可以增強你承擔風險的能力，使你累積經驗，帶你走向更好的憧憬。

一個簡單的問題：請問你幾歲？

無論你的答案是什麼，那都是你投入了解自己的時間。沒有人比你還了解你自己。

與此同時，我們也不得不問：你有多了解自己？

對那些有自知之明的人，他們誠實地面對真實的自己，同時接受自己能力的多寡。他們知道自己真正擅長的是什麼，也知道自己掙扎的地方。儘管他們重視別人對他們能力和缺點的評價，但隨著時間推移，只會讓他們更相信自己的真實眼光。

對那些開始踏上自我探索之路的人而言，美妙之處就在於：這是一趟旅程。這趟旅程既值得又豐富，只要擁有開放的心態，加上對自身長處、天賦、需要開發的領域與等著被發掘的機會保持好奇心，就永遠不會結束。

在建立自我意識的同時，考慮你要用對自己有利的訊息做什麼也很重要。僅憑自我認識不代表你就會朝符合自己興趣、愛好或價值觀的道路前進。迄今為止，我們碰過太多赫赫有名的人士意識到自己不是走錯了路，就是過著別人設定好的生活。只有冒險能幫助他們，**還有你**，修正今後的道路，確保你的日常生活充滿對你最重要的事物。

自我意識可以是個廣義的概念，從對食物的偏好到怎麼處理衝突。出於討論冒險的目的，我們想著重在三個能支持你冒險的關鍵領域：

- 發展自我依賴（Self-Reliant）
- 了解風險處理
- 主動建立信心

## 你是自己的英雄

聽過〈拯救自己的公主〉這首歌嗎？這是一首朗朗上口的歌，講述一個公主決定不等人來救她，透過抵抗惡龍和女巫，將命運掌握在自己手中，後來更一起組成了樂團。這首歌是科技大師喬納森．庫爾頓的嘔心瀝血之作。雖然喬納森常寫更適合成年人聽的搖滾及電子舞曲，他還是抓住機會為一張慈善專輯寫了一首兒歌，以幫助海地的青少年。他分享道：「我女兒對公主很著迷，所以我不得不常常想一些關於公主的故事說給她聽。沒有哪個公主真的很厲害，讓我希望我女兒長大後也能這麼厲害，我就自己編了一個故事。」[2]

庫爾頓的發言令我們所有人如醍醐灌頂，不管是王子、公主和平民都一樣，沒有人會來救你，你擁有所有拯救自己的能力。每一次你「救」了自己，就會變得更敏銳、更好，也更強大。從本質上來說，你會變得更加自我依賴。

美國早期詩人和作家愛默生在他一八四一年寫的文章〈自我依賴〉裡，向大眾介紹了自我依賴的概念。他分享道：避免不管是自我還是社會強加的順從最好的方法，就是透過越來越了解自己，勇敢地為自己的目標奮鬥。

我們很喜歡「**勇敢地為自己的目標奮鬥**」這句話。在你的人生旅途中，毫無疑問會有人將想法和目標強加在你身上。雖然聽從別人的意見和建議可能會有幫助及用處，但想過上真正的生活需要主導自己的夢想和目標。如此一來，當你意識到自己的夢想和目標時，就會有適合的感覺。

## 職業生涯中的冒險：巨石強森的故事

### 就算是巨石強森也會懷疑自己

巨石強森在早期職業生涯面臨的挑戰，使他不得不學會相信自己。[3]大學畢業後，由於沒能入選美國國家美式足球聯盟，在考慮進入法學院就讀或加入聯邦調查局等選項後，他決定像父親及祖父一樣成為職業摔角選手[4]，扮演角色「洛基．梅維亞」，這個名字結合了他父親和祖父的擂台名稱。作為摔角界的菜鳥，巨石強森在世界摔角娛樂中迅速嶄露頭角。

世界摔角娛樂將他歸為第三代摔角明星，鼓勵強森接受白白淨淨的娃娃臉形象。起初，粉絲很喜歡他，世界摔角娛樂（會提前內定所有摔角比賽的優勝者）選擇他作為他第一場倖存者系列比賽的優勝者。然後，僅僅過了幾個月，公司便決定授予他夢寐以求的洲際冠軍。[5]

在強森早期這段成功的歲月，世界摔角娛樂的粉絲逐漸發生轉變。隨著這項運動進入「態度時代」，粉絲變得希望態度強硬的不法分子贏得比賽，乾淨俐落的好人角色逐漸失寵。觀眾開始抵制迅速崛起的洛基．梅維亞，在他冠軍賽後上場時發出噓聲。強森也被這股負面情緒感染。賽季快結束時，他受了傷，在家休養，並思考自己未來的發展。害怕他的職業摔角生涯會跟他的足球生涯一樣很快就結束，他知道自己必須做些改變。6

他去面見世界摔角娛樂的管理層，他們同意讓他回到場上，但告訴他公司決定讓他加入「霸主」，一支更強悍、粗暴的摔角團體裡。強森意識到這支隊伍更適合他真正的個性。而且透過扮演洛基一角，他知道觀眾就是對他的好人人設不買帳。觀眾跟他一樣，想為一個更真實的角色歡呼。強森希望跟來看比賽的觀眾建立關係，不是透過笑臉迎人的好人設定，而是真正的自己，一個實力堅強的對手——在某些日子積極正面，並準備好在其他日子上場咆嘯。

不久後，巨石強森就誕生了，後來成為摔角史上最成功的摔角明星之一。透過純粹的自我依賴，以及擺脫父親和祖父的身分和公司創造的角色後，他持續建立非凡的職業生涯。

他有一次談到自己在二〇〇九年經歷的低潮時表示：「從工作的角度來看，我沒辦法賭上自己的生涯，我不習慣這樣的事。」[7]為此，他休息了一陣子。他意識到自己必須再次重塑形象。強森更加強調真正的自己，還畫了一張關於他想要的電影角色、身形和社交媒體角色給他的經紀人。他們不明白他的意思，他於是迅速換掉幕後團隊，決定再賭自己一把。如今，巨石強森引起國際轟動，成為全球公認的票房巨星。他選擇自我依賴，以他自始至終都很努力自豪。

很難相信像巨石強森這樣的傳奇人物，會跟我們其他人一樣經歷過自我懷疑和阻礙；然而，我們不得不相信他的話。自我依賴對我們所有人來說都是一個挑戰，而克服這個挑戰最快的方法就是了解具體的阻礙是什麼。克服自我阻礙將會是你突破賭注之旅的關鍵。

## 找出你的阻礙

問問自己：為什麼你還沒有成功地踏出第一步，或者在追求重要的目標或熱忱途中，完成一個重要的里程碑？是因為……

- 時機——也就是說：「現在還不是時候。」
- 金錢——比如說，資金不夠？
- 其他人——沒有得到利益相關者的支持？

或是內在原因：

- 你害怕出錯和失敗？
- 無法確定優先事項？

- 沒有信心堅持到最後？
- 過去的失敗使你信心動搖？

當然也可能有其他阻礙存在。要拿自己賭一把，就必須了解阻礙你的是什麼。

在這裡我們要說，任何事情都可以克服……對，就是**任何事**。

這幾十年來，我們致力於成為領導者背後的支柱，還沒有遇到哪個人的夢想超過了自身的專業能力；我們反而碰過很多人因為恐懼、擔憂和不安全感，削弱夢想成功的能力，也阻礙他們採取必要行動過那種生活。

恐懼比失敗更能扼殺我們的夢想。了解自己對冒險的恐懼，會讓你意識到你的風險處理機制——你個人與冒險的關係。

有了這個認識，你將能預估目前的風險，以及該怎麼做來調整步調，如此就不會妨礙你達成重要的目標。

## 你的風險處理機制

當聽到**冒險**一詞時，你的反應是什麼？

對於極度厭惡風險的人來說，會讓他們感到緊張。隨著損失（而非預期的收益）的想法自腦海掠過，他們的心態很快便從「開門大吉」轉變為「抱歉，打烊了」。

另一方面，對於那些從事跳傘運動、和鯊魚一起游泳或玩當沖的人，可能會被他們尋求刺激的基因影響。冒險的概念使他們心跳加速，甚至在聽清楚可能會有哪種財務、情感、身體上的風險前，就已經「投入」其中了。

你對這個詞的反應很重要——因為只有你知道冒險的概念會帶給你怎樣的感受。然而，說到冒險，對你更有價值的是，無論你身在何處都可以改變。冒險是一種習得的行為，這代表如果你對現況不滿意，可以重新與其建立新的關係。

重點是要知道你與冒險的關係會受到各種生活經歷影響。我們想著重討論最基本的關係，源自於你日常生活中的關鍵人物：你的父母，特別是你的母親[8]，或在家庭中扮演母親角色的人。在你生命的初始階段，你媽媽如何看待與進行冒險對你有很強烈的影響。

在弗里德雷克．格魯爾和羅納德．拉皮的一項研究中，研究人員想了解母親**是否／如何**影響孩子的恐懼。畢竟，恐懼是人類已知阻礙冒險最大的因素。他們利用學齡前的孩子做研究，給他們看新穎、具有恐怖元素的刺激物，具體包含蛇和蜘蛛在內的圖片，這些圖片分別與他們媽媽正面和負面的表情配對。幾分鐘後，再給這些孩子看同一批圖片，這次配上媽媽表情中性的照片。研究結束後，猜猜對這些孩子影響最大的是什麼？沒錯，看見自己媽媽負面的表情。

儘管這項研究的結果應該不足為奇，但我們希望它能帶來啟發。隨著時間推移，你只需要透過觀察家中母親的形象，就會知道要對什麼感到興奮，又要對什麼感到害怕。所以，如果你母親個性謹慎小心，你就會變得討厭風險；如果你母親比較會鼓勵並願意讓你冒險，你的人生對風險的承受能力相對會提高，也會更願意對自己下賭注。

了解這項研究後，我們早年做出的一些大膽選擇突然變得更有意義了。比如加入海軍陸戰隊，這是一個總共有十七萬四千名隊員，卻只有約一千名女性軍官的組織。雖然我們一直認為父母的支持會讓這個決定看起來不那麼可怕，但我們從未想過其實是母親的教養方式影響我們做出這個承諾。（謝啦，媽！）

此時此刻，你可能正在思考並回想年輕時接收到的那些對生活有幫助或有害的訊息，請明白一件事：這麼做的目的並非要抨擊你的媽媽，或是讓你產生很多**將會**、**就可以**、**要是**……的想法。況且，也沒有時光機讓你回到關鍵時刻改變成長曲線。

我們希望你把重點放在自己及所處的位置上，並且知道自己可以透過現有的能力——你的自我意識和一些不錯的內部資源，你的心態就是其中一種——來提升你與風險的關係。

## 看待事物的心態

或許你沒有意識到，但當你面臨風險或考慮冒險時，你的內心往往會陷入天人交戰。包括以下時刻：

- 我要再次跟我的伴侶提起這件事嗎？
- 我要告訴老闆我在申請其他公司的職位嗎？
- 我要自願充當兒子社團的教練嗎？
- 我要在小組會議時提出不同的看法嗎？

這場大戰是我們所有人內心並存的兩種相互競爭的心態：**預防心態和進取心態**。一個是告訴你保險起見，不要無事生非；另一個則要你去爭取，你沒問題的。你要做的與其說是退後一步，讓兩者爭鬥直到其中一方獲勝，不如說你要意識到這些心態是同時並存的，然後必要時在不同的場合引導出正確的心態；畢竟我們說的是有意識地冒險，並非觀看一場鐵籠格鬥戰。

進取心態注重的是個人發展、成長並朝著重點方向及目標邁進。這種心態有助於讓你踏入新領域時，追求並專注於自己目標帶來的好處，提供你盡心盡力、勇往直前、提升和堅持不懈的動力。

預防心態則跟你自身的安全和保障有關，而且會伴隨一個強調這麼做可能會出事的思考過程。進取心態會鼓勵你去追求，而預防心態希望你保持現狀，因為對損失的恐懼會在你的決定中扮演重要的角色（比預期收益還重要）。

我們總會遇到受這兩種心態其一左右決定的時機。問題一直在於保持哪種心態才是對的？而答案通常取決於你本身的目標與處境。

有時候，保持預防心態有其意義存在，比如在你精疲力盡的時候。也許你剛生產完，還開始了一份新工作，現在可能就不是改造後院或去打高爾夫球的時候。像上述這種忙碌的時期，你可能需要保持預防心態，暫時壓抑自己的進取心態。

同樣的，有時候我們也必須壓下預防心態，讓進取心態取而代之，例如在公司擔任新職務並挑戰創新。這時候就不適合謹慎行事，而要有新的想法、放膽測試、設計原型、勇於出錯、致力於學習重新出發。

正如安琪分享的故事，有時當你產生必須保持進取心態的新想法時，你要提醒自己依靠優勢，而非弱點。

## 職業生涯中的冒險：安琪的故事

**保持進取心態**

「如果你們真的想寫書，就要找到一個平台。沒人知道你們是誰，為什麼要買你們的書？你們應該開始找企業做關於領導力的演講，建立聽眾，這樣才會引起出版社的興趣。」

上述這番話是我和寇特妮在二〇〇〇年提出第一本書的提案時，直接來自我們出版經紀人的偉大提議。現在看來，當時我們的提案十分粗糙，卻因為獨特性——兩個女人所著關於海軍陸戰隊領導力的書，而抓住這位經紀人的目光。但他要傳達的意思是，如果要讓別人買我們的書，書不僅要寫得好，我們還必須成立一家公司做後盾。

首先，殘酷的事實是：我不知道該怎麼創業。我大學讀的是英語系，我喜歡文字，而非數學。我和寇特妮也決定假如要創業，我們兩個人都必須對公司進行投資，使其成功運轉，金額大約五千美元，是筆不小的數目。當時我新婚不久，我們剛買下第一套房子。我真的沒有額外的五千美元，我知道這可能代表我必須用信用卡負擔一部分的前期投資。

同時，我也很害怕。如果這家公司經營開始有起色，顯示出潛力，我會想辭掉藥品銷售的工作，全身心投入 Lead Star 的工作中；換句話說，我將放棄一份備受推崇、收入穩定的工作，不知道要花多久時間才能取代我的收入。

雖然現在難以想像，但當時我實際上開始怨恨自己對冒險的生活有如此宏願，同時又希望我可以在早已建立但不充實的穩定生活中找到平靜與幸福。我知道這很瘋狂。

我很擅長自我懷疑，我會列出不該嘗試某個在情感和理智上都深深吸引我的事物的所有原因。直到有一天我決定轉個念，反問自己為什麼我該繼續前進。當時我並未意識到，我讓自己的進取心態占了上風。

我知道自己會寫作，所以這部分的工作雖然嚇人，但我相信自己辦得到。（主修英語得分！）我也不害怕上台演講，所以這件事不會讓我緊張。我還做了三年的銷售，所以我有商業開發的經驗。

然後我想到了寇特妮和她本身的能力。她是一名律師，知道很多創業的必要條件。她也有從事行銷的朋友，對我們該怎麼建立品牌及運行公司更清楚。她也是一個有遠見的人，擅長將計畫付諸實行。我眼光較短淺，更可說是企劃／執行類型的人。我能制定出獨一無二的計畫。

我記得要注重彼此的優勢並欣賞兩人互補的地方，我們最終組成了厲害的團隊。當我和寇特妮討論確定彼此都要加入時，有一句話令我終生難忘：「不是我們，那是誰？」如果我們都無法成功，還有誰可以？

## 不是你，那是誰？

當時我們對自己下了賭注，並且持續到現在。我們以進取的心態激發彼此的雄心壯志，相信我們的實力足以克服任何困難。我們常用一句話：「不是你，那是誰？」互相勉勵。我們經歷的成功越多，遇到的成功人士就越多，也就越明白成功和失敗之間的差異不是什麼技巧和超級祕訣，只在於願意賭自己一把，朝重要的目標邁進。而當我們遇到阻礙或必須面對使我們止步不前的弱點時，我們並不害怕尋求協助。

在賭自己一把的過程中，你也不應該害怕尋求協助。初步的協助其實來自你自己，在你考慮冒險的時候，傾聽內心的聲音，了解這個聲音是來自你的預防心態還是進取心態。然後，對主導自己的心態有自覺，以確保符合當前的狀況。透過你本身的思想融合，你可能會意識到自己比以前認為的還適合你所設想的冒險。你可以像我們一樣，問問自己：**不是你，那是誰？**如果你沒辦法在這條路上取得成功，還有誰辦得到？

## 有了信心，經驗將隨之而來

從心理層面說來，你的風險處理機制會讓你做好冒險的準備和定位。但這些特質需要另一個同伴幫助它們相信成功是可能的。這個同伴就叫**信心**。

我們非常喜歡這個主題，還針對這個主題開了一個全天的課程。圍繞在這個能力上的謎團和關於其起源的爭論往往讓人覺得很有趣，尤其是當我們在研討會上提出一個簡單、半引導式的問題：**是先有經驗還是信心？**

換句話說，是經驗賦予你嘗試新事物的信心，還是信心給你經驗以產生新的體驗？（我們讓你稍微思考一下。）

我們發現幾乎每一堂課都分成兩派。一半的人會提出很好的理由說明為什麼要有經驗才能建立信心，另一半則表示要有信心才能讓自己就位，準備建立經驗。

所以，正確的答案是什麼？雖然兩個論點都能提出好的解釋，但不得不說，我們認為**有經驗前必須先建立信心**是比較確切的答案。

經驗通常要花數年的時間累積，你會覺得自己似乎永遠沒有足夠的能力去做你想做的事。信心是一種情緒，可以在瞬間形成，給予你行動的勇氣。兩者缺一不可。但當涉及冒險時，你需要信心掌控全局，因為你正在踏入一個毫無經驗的領域。

賭自己一把需要意識到本身的價值。這種認識始於在面臨考驗時相信自己，這也是信心的真正定義。有趣的是，我們在遇到挑戰的時候，有時候比起相信自己，更傾向相信別人。你必須拋開這種相信別人能解決我們面臨的挑戰的想法；你有足夠的天賦、能力、智慧和動力以實現任何目標，但不能只有我們或其他人相信這件事，你也要相信才行。

## 建立自信

一個人的自信是透過冒險獲得經驗所建立。這裡說的並非毫不知情、突如其來的冒險，而是透過本身的能力確定你想做的事，然後致力於這件事的過程。例如，如果你想提升跑五十公里馬拉松的速度，簡單說明如何達到目標的方法會是評估你目前的成績，設定一個目標時間，接著努力實現縮短時間差距的目標。

但我們知道大多數值得實現的目標很少這麼單純。要在五十公里馬拉松跑得更快，原因可能不只出在跑步上。你可能要鑽研營養學，了解你的身體需要什麼養分才能維持較好的水準；你可能會去尋求專業教練協助制定跑步計畫，以得到成功所需的元素；或者你可能會跟朋友分享你的目標，逼迫自己進步。

我們知道，除了達到新成績所需的體能鍛鍊外，還有心情上的調整。你必須激勵自己以鍛鍊為優先，並且保持紀律實際做到你想做的事。有時候你會很興奮地去跑步，有時候你會想做跑步以外的事。你的成功往往取決於你如何面對挫折與注意力不集中，甚至是阻礙你朝成功邁進的繁忙瑣事。

為了進步所做出的承諾和相稱的行為，就是實際幫助你建立自信的冒險。一旦我們告訴自己想要把某件事做得更好，就要記住：沒錯，我們有失敗的風險。當我們成功了，就會獲得更多信心和經驗。然而要是沒有達到目標，只要透過反思和學習來處理這段經歷，也會獲得同樣多的信心和經驗：

- 為什麼沒有成功？
- 成功需要什麼因素？
- 該目標是否重要到願意冒著再度失敗的風險多嘗試一次？

作為我們分享的故事的一環，失敗是實現夢想必須支付的學費。信心則讓我們有能力抱著比最初的努力更豐富的知識及更大的希望再試一遍。

要增強信心必須不斷嘗試我們可能實現的目標。不需要傑出的能力或超人般的天賦，只要願意進入生命的舞台為自己冒險。為了鼓起勇氣，了解人生的快樂並非由設定的目標定義，而是我們如何接受並體驗整個過程這點很有幫助。無論我們樹立並達成的是小目標還是偉大的抱負，當我們成功繞過彎路、挫折、低谷和障礙抵達目的地時，信心也會跟著增強。

你越常嘗試自己想做的事，將建立越多信心，你建立的信心越多，就越容易賭自己一把。

## 試就對了

我們的社會對嘗試有很多錯誤的評價，這可能源自於《星際大戰》中尤達大師的一句名言：「做，或不做，沒有試這回事。」

我們得承認，人類很幸運，知道銀河系的未來跟我們對自己下的賭注成功與否無關。所以我們可以暫時鬆一口氣。為了建立信心所獲得的經驗彷彿是在思考該下哪一步棋，因此我們不應該害怕嘗試。

我們已經指導很多人邁向成功的下一階段，很少碰過領導者表示後悔做某些嘗試。更多時候，我們看到專業人士讓自己長期保持在待命模式，努力鼓起勇氣邁向看似可怕的未知領域——通常被稱作追求夢想。

在待命模式期間，很多人會分享他們不冒險、不嘗試新穎或不同事物的理由。他們通常會提出經濟原因，以及為什麼他們不能冒著退休或活不下去的風險轉換跑道。有時候他們會表示不冒險是因為缺乏才能或技能，或者會感嘆道：「這與你知道多少無關，重點在於你認識多少人。」他們宣稱自己沒有足夠人脈，沒有人為他們打開大門得到人人嚮往的機會。他們甚至可能會辯解，履歷上有任何換工作的經驗都會留下汙點，比起過著擁有機會和豐富經驗的生活，他們更重視一張紙（噢，對了，那張紙是他們自己寫的）。

如果你發現自己在拖延選擇嘗試內心真正渴望追求的事物，請記住一點：**建立賭一把的勇氣和信心需要的正是嘗試**。

勇氣並不是不恐懼，而是擁有面對恐懼的能力，並繼續前進。透過這種勇氣，我們在通往自我依賴的路上建立信心，準備迎接即將定義我們生活的時刻——能為我們帶來快樂、滿足和貢獻機會的時機與決定。當然，到那時候，我們會自豪地回顧過去，因為我們聽從了內心的聲音，相信自己，做出適合的賭注。

## 產生影響的冒險：寇特妮的故事

### 重要時刻的自我依賴

「相信自己，寇特妮。」我坐在辦公室裡，手轉著筆，輕聲自言自語道，希望每轉一次筆，就能想出解決我陷入兩難的方法。

離我意外參加公職競選已經過去六個月了。我所在的縣監察委員會的地方代表於任職期間去世後，有人來找我，希望我出來競選他的席位。我考慮了很久，確定自己是否可以勝任這個角色，同時兼顧在Lead Star的工作，並想清楚我是不是真的想從政。當我得出「參加」的結論後，我便百分之百全心投入，很快贏得初選，成為我所在的黨內候選人。

就在距離大選只剩五週的時間，我的對手在接近選舉日的最後階段，開始大肆對我展開負面攻擊。

在我選擇競選公職的當下，我的主要目標是要為這個充滿敵意且令人沮喪的政治界增添價值。許多人（包括我）相信競選活動和政治言論的水準已經降到備受爭議的新低，公民已經厭倦了抨擊和毀謗。在選擇參加競選地方公職時，我向自己、我的競選團隊和志工允諾，我會展開一場有成效的正面選戰。我不會抨擊對手，而是會專注在改善社區的議題、想法和機會上。

然而，我的對手選擇了截然不同的道路。他的競選團隊在當地郵箱投放用 Photoshop 編輯過、使我出現在我從未去過的場合及地點的郵件。他的支持者還創了一個虛假的 Facebook 帳號，放上個人資料，試圖引誘我對其發表評論，讓他有機會曲解我的話。他的團隊的一切手段反映了許多人無法忍受的政治黑料、謊言和荒謬。

我的團隊已經厭倦這些攻擊。而現在，我的顧問建議我改變計畫，不要只關注在那些議題上，他們希望我能夠拿出我的戰鬥精神來回擊對方所有的負面攻擊。他們挖出了我的競爭對手的醜聞，甚至起草一些同樣令人厭惡的郵件，讓我以此散播反黑他汙辱我的言論。他們擬定的所有計畫在我看來都是不對的，所以現在我在自己的辦公室裡，一邊轉筆，一邊考慮這件事。

我才剛跟競選團隊中最盡責的志工通過電話，她督促我發動黑函戰爭。她怕這是我們勝選的唯一機會。「我們必須發動攻擊，寇特妮，這是在這場勢均力敵的選舉中扳回一城的方法，事不宜遲！」她催促我下定決心。

再三考慮後，我意識到在選戰中攻擊對手跟我所重視的價值完全相反。我知道使用正當手段並採取高姿態不是我的團隊及支持者最好的選擇，我卻決定不要讓我的團隊與他人同流合汙。為了忠於我一開始做的承諾，正大光明的選舉，我已經做好敗選的準備。儘管在這個關鍵時刻，我的同僚並不贊同我自我依賴的選擇，但我內心依然感到強烈的平靜和能量，讓我在投票前的競選活動充滿活力。

選舉前夕，人們預測我們之間的票數相近。我對團隊裡的主要成員表示感謝，告訴他們我十分重視他們願意撥出時間和貢獻，儘管充滿挑戰，但我們很努力用不同的方式做事。無論結果如何，我們都非常值得驕傲。

投票當天，我一整天都待在投票站跟人們握手，感謝大家共襄盛舉。投票結束後，我回家洗澡換衣服，很快便得知我方的得票似乎領先。我們最終持續以百分之十一的得票率贏得選舉，這一差距被認為是政治上壓倒性的優勝。

黎明時分，當我接到支持我的美國參議員的祝賀電話時，我反思了這次的選戰。雖然勝選的感覺很好，但最讓我覺得開心的是當大部分人都勸我改變做法時，我選擇跟從我的價值觀。諷刺的是，我不會持續這份公職很久時間。雖然我贏得了大選，但我發現擔任民選官員的職務不適合我。我不重視這個角色的權力、地位和聲望。而且，我發現待在這個位置上越久，就越來越難忠於自我。

隨著時間推移，我意識到在民營企業工作對我來說是貢獻社會更好的方式。最終我會辭去職務，不後悔我曾嘗試從政。

我非常重視只有透過嘗試才能獲得的經驗與理解。當我們朝向夢想邁進時，事情不會總是如預期那樣，我們所經歷的收穫也不一定符合最初的期望，但依然有價值。

如果我沒有在機會主動出現時抓住它，我仍然會對政治生活抱持著幻想（和做白日夢）。我現在不只了解從政的生活，還更認識自己的能力，也更有自信地相信自己的直覺。

## 賭自己一把，一切都將漸入佳境

我們都在追求過好生活。沒有人想在人生走到盡頭時徒留很多遺憾。當你學會賭一把後，你會遇到挑戰、失誤和很多光榮的時刻。最重要的是，你將過著對你而言有價值的生活。當你堅持自己的夢想和願望時，最壞的情況就是從失誤中獲得更深層的自我認識；而且如此一來，你會增強實力，重新找到努力的方向。

賭一把是唯一能持續找到邁向充實生活下一步的方法，也是你開啟人生中令人興奮的新篇章，或者把真正的自己完全融入你最重視的關係中的方法。一旦你相信自己，你就有機會在人生的旅途中得到滿足，並一直持續下去。就像鍛鍊良好的肌肉一樣，你對自己下的賭注越多，就會變得越強悍。這是個很好的習慣。

所有的目標都有其原因。要說達成這些目標，除了你還有誰能做到？而且，雖然不是每一次賭注都能獲得回報，但倘若你不鼓起勇氣冒險，永遠都無法獲得持久的回報。畢竟，不是你，還有誰？誰最適合過你想要的生活？只有你自己。

## 付諸實踐

- 前往官網 www.leadstar.us/bet-on-you 繼續建立你的個人冒險宣言，探索阻礙自己接受冒險的原因。
- 花時間認識自己的優勢、發展機會及偏好。
- 你將如何拯救自己？挑戰自己，找到能讓你變得更自我依賴的領域。
- 想出一個你曾樹立但尚未付諸行動的目標。花時間列出阻礙你的原因，以及該如何克服。
- 多注意自己在進取和預防心態兩者所花的時間。倘若平時多為預防心態主導，在決定不要冒險前，先透過觀察風險了解為什麼應該冒險，學習引導自己進入進取心態。
- 建立信心。受到考驗時，選擇相信自己。
- 試就對了。享受你的經歷帶你踏上的旅程。

1 《柯夢波丹》（*Cosmopolitan*）一九九一年十二月號。Nike廣告，珍奈特．錢普（Janet Champ）和夏洛特．摩爾（Charlotte Moore）。https://quoteinvestigator.com/2020/12/08/destined/。

2 喬納森．庫爾頓（Jonathan Coulton）作曲作詞。〈拯救自己的公主〉（The Princess Who Saved Herself），官網：https://www.jonathancoulton.com/2010/08/16/the-princess-who-saved-herself/。

3 《滾石》（*Rollingstone*）二〇一八年四月四號。喬許．埃爾斯（Josh Eells）：〈巨石強森：激發動力的痛苦與激情〉（Dwayne Johnson: The Pain and the Passion That Fuel the Rock），詳情請見：https://www.rollingstone.com/movies/movie-features/dwayne-johnson-the-pain-and-the-passion-that-fuel-the-rock-630076/。

4 《時尚．中東版》（*Esquire Middle East*），二〇一八年七月號。〈時尚雜誌訪問：德威恩．「巨石」．強森〉（The Esquire Interview: Dwayne 'the Rock' Johnson），詳情請見：https://www.esquireme.com/content/28591-the-esquire-interview-dwayne-the-rock-johnson。

5 運動轉播網（Sportscasting），二〇二〇六月九日，〈巨石強森揭開摔角生涯跌入谷底的那一刻〉（Dwayne Johnson Reveals the Moment He Hit Rock Bottom in His WWE Career），詳情請見：https://www.sportscasting.com/dwayne-johnson-reveals-the-moment-he-hit-rock-bottom-in-his-wwe-career。

6 巨石強森在自己的Instagram上寫道：「我的職業摔角生涯充滿了高峰與低谷，但重點是我從中汲取的教訓……永遠尊重（和保護）我和人們的關係。即使與預期相反，也不要害怕離開。因為沒有比全國各地上千萬摔角迷高呼『洛基遜』更爛的教訓了。那就是我的低谷，直到我成為我自己，來到我的高峰。」請見：https://www.instagram.com/tv/CAKy_mXF-mv/?utm_source=ig_embed。

7 喬許．埃爾斯：〈巨石強森：激發動力的痛苦與激情〉。

8 弗里德雷克．格魯爾（Friederike Gerull）、羅納德．拉皮（Ronald Rapee）。〈母親最清楚：母愛模型對幼兒感到恐懼和迴避行為的影響〉（Mother Knows Best: Effects of Maternal Modelling on the Acquisition of Fear and Avoidance Behaviour in Toddlers），二〇〇二年三月，刊自《美國國家醫學圖書館期刊》（*National Library of Medicine*），40(3)，pp. 279–87, doi: 10.1016/s0005-7967(01)00013-4。

第二部分

# 定義成功並行動

# 第三章 夢想、擁有、爭取

「如果你想過得快樂，就設定一個目標，集中你的思路、釋放你的能量並鼓舞你的士氣。」

——安德魯・卡內基

**快速瀏覽**

本章將介紹如何提升夢想的層次，讓你對自己的行為負責，變得更願意持續賭一把。

**重點發想**

- 冒險並不代表夢想不切實際，當我們擁有更大的夢想時，成功的機率就會提高。
- 建立崇尚行動的觀念是你展現擁有目標的方式。
- 不要只是空等——人生不是在排隊，現在輪到你了。

人的一生關於夢想的指引從未改變——**要有遠大的夢想**。然而，自從第一次聽見這句話後，我們的生活就起了很大的變化。

首先，長大成人後，夢想這個概念聽起來變得很夢幻，對嗎？當你聽見**夢想**這個詞時，腦海中浮現的是不是獨角獸出現在彩虹彼端的景象？還是一個可以讓你逃離俗世的夢幻仙境？或是一個能夠讓你遠離現實，不切實際、觸不可及又充滿魔幻的世界？

再來，身為大人，我們不再像小時候那樣做白日夢。我們在生活中可以任由思緒飄渺，暫時得到平靜的時刻，像是搭乘火車、坐在公園長椅上看孩子們玩耍、待在候診室的時間，往往還是充滿了各種讓人分心的事物：

- 滑手機打發時間。
- 浪費時間在擔心、懷疑和害怕。
- 倉促的訊息往來，好應付生活的細節和安排。

但我們需要夢想。夢想實際上是對更美好的生活的憧憬，你應該朝這個方向樹立讓生活變得充實的目標。白日夢也是一個強大的工具，有助於我們更有創意和洞察力，也為我們沒有想到的挑戰提出創新的解決方案。研究顯示當我們走神時，我們大腦不同的部分會受到活化，處理先前處於休眠狀態或遙不可及的訊息。作家鮑伯．珊波斯敘述該過程時寫道：「愛因斯坦稱直覺或隱喻思維為神的禮物，並補充理性思維是忠實的僕人。弔詭的是，在現代生活的背景下，我們開始崇拜僕人，玷汙上帝的恩賜。」[1]

當今的社會很多事都會提醒我們要專注，然而當談到自己的未來時，你的內心必須擺脫束縛，這有助於重新構想更好的生活。當你照做後，我們認為幫忙指引你很重要，特別是要考慮你的背景以及你該怎麼創造更好的生活，所以我們想在這裡分享五個問題，幫助你的夢想清晰浮現：

- 你的萬花筒看起來是什麼樣子？
- 什麼值得追求？
- 你能達到夢想的起點嗎？
- 你能為你的夢想提供資源嗎？
- 該挑戰有趣嗎？

## ＊問題一：你的萬花筒看起來是什麼樣子？

我們在先前的章節介紹了萬花筒分類法的概念，幫助你把冒險的方向具象化。當你把萬花筒每個內室想像成構成生活平衡的配方時，你不僅會知道自己最重視什麼，也會了解該如何參與你人生的關鍵領域或道路。在理想的情況下，每個內室都會有等量色彩繽紛的芯片，這代表你把時間平均地分配在每個你認為能構成美好生活的元素上。

在你思考反映自己生活中重點優先事項的四個內室時，請注意可能會有一、兩個領域不那麼起眼。你在那些領域的目標、希望或抱負是什麼？了解你日常生活中缺少了什麼，會是擁有更大夢想很好的起點。

我們常常要求我們的學員描述自己理想的一天，要他們寫下四到五段關於那天的描述。他們會去哪裡、跟誰在一起、做些什麼。雖然我們鼓勵他們分享任何在那天想做的事，但大多數領導者都不會寫下像是搭乘豪華遊艇暢遊地中海，度過充滿異國風情、放縱的一天的內容。

相反地，他們通常會寫下在公司受到器重，或是與親友共度寶貴時光，享受大自然和很多休息時間——全都是他們實際的日常生活。擁有更大的夢想代表你要知道什麼會讓你滿足，並採取行動把那些東西帶入你的生活中。雖然每一天並非完美，但透過使用萬花筒分類法指引你的行動，當生活失衡的時候，你就可以迅速且有意識地讓生活恢復平衡。

## ＊問題二：什麼值得追求？

為了擁有更大的夢想，重點在於清楚地了解你真正想實現的目標。越有能力（相信我們，當你懂得冒險時，你會發現你有很多才能和實力），你就越需要選擇想完成的目標。幾乎所有事你都辦得到，尤其是理性與感性上對你來說都意義重大的目標。然而，沒有人能做到每件事。而且就算你擅長某事或在某方面有所成就，也不代表那就是你的人生目標。

想想你過去的夢想或願望。想想當你達成某個成就，但那些成績似乎不那麼令人滿足或興奮的時刻。或許原因並非你偏離了目標，而在於你選擇的道路。在我們的職業生涯中也碰過一、兩次這種情況，有時候我們設定好一個目標，努力地去完成，然而當我們達成目標，感覺卻沒有那麼好。

我們在成立 Lead Star 初期，曾立下年收入達一百萬美元的目標。能達到這個目標的企業不到一成，因此我們認為只要跨過這道門檻就算成功了。我們兩人很容易就能回想起來，業績達標的那天並非我們想像中的勝利時刻，因為那時我們的生意充斥著複雜性和挑戰，我們早已沒力氣感覺勝利。換句話說，我們是「成功」了——卻毫無感覺。這樣的成功似乎無法長久維持。我們實現了目標，但也意識到我們要更有計畫地去實現。比起接下各種形式的案子，我們開始更深入地了解最適合我們的客戶類型，或者能為公司帶來重要且正面影響的企劃類型。

利用我們的價值觀、喜好和過去的經驗去了解哪種類型的案子最能充分發揮我們的時間和實力，讓我們頭腦更加清晰。這有助於我們集中精力，使未來的日子不僅更愉快、滿足，我們也得以幫助客戶獲得更好的成果。

在你努力確定哪些目標和通往夢想的道路值得追求時，讓你的價值觀和額外的洞察力為你指引方向。如果職業生涯占了你的冒險領域一部分，而且發展事業對你來說很重要，你要知道達成目標的路不只一條；或者如果健康對你來說很重要，你要知道有成千上萬種維持健康的方法。讓你的旅程充滿想像力，如此一來，過程將會比目的地更多采多姿。

我們在投資的時候，常把目光放在投資報酬率上，也就是從投資選擇中獲得的回報。我們鼓勵你利用這個理論決定你的目標和夢想是否值得。時間是我們擁有最有限的資源，而且沒得重來。透過考慮投資報酬率，即你的努力可能獲得的回報，你可以了解自己的期望、夢想或目標是否真的值得花費寶貴的時間和精力去追求。如果它包含了你最重視的價值觀，那麼就是值得的。然而，如果你的夢想只能為你帶來某一領域的機會，請謹慎行事。只在人生的某條路上取得成就往往不等同於成就感。

## ＊問題三：你能達到夢想的起點嗎？

擁有更大的夢想不只代表確定目標是否值得追求，還有助於你了解自己是否能踏上通往成功的起始點。

小時候，寇特妮就很喜歡追蹤美國國家航空暨太空總署的相關訊息，她常常想著不知道當太空人會是什麼感覺。當她選擇參軍並得知軍機飛行員往往能成為登上太空的候選人時，去太空旅行的念頭再次浮現在她腦海中。然後她得知海軍陸戰隊飛行員需要兩眼視力一點零，而從她十二歲起，雙眼視力未經矯正約是零點零五。她意識到這條路並不是觸手可及，而是根本不可能。這件事的確讓她很失望，但至少讓她明白什麼是她職業生涯可以實現的目標。

我們長大後的夢想往往跟小時候有著天差地別——會變得更符合自身條件，也會根據我們人生經歷，讓我們更清楚所需的條件，所以我們會淘汰一些無法完成的夢想。比方說安琪的兒時夢想是總有一天要成為瑪丹娜。不僅因為成為別人不現實，她缺乏唱歌跳舞的能力，也讓這個夢想成真的機會微乎其微。時至今日，她更大的夢想是去美國各地聽瑪丹娜的演唱會，這需要決心，但絕對在她的能力範圍內。

當然，我們都希望擁有遠大的夢想，也希望有明確實現夢想的路。想像起始點有助於你理清前方的道路對你而言是否值得。

譬如，如果你大學主修金融，並且做過會計，那麼如果你有興趣，就可能轉換跑道從事供應鏈相關的工作。你可能需要再回學校上課，或者你可能需要在現公司申請調去別的部門，作為轉換跑道的跳板。或者是因為你還在適應新手爸媽的角色，所以想換個輕鬆一點的工作，而公司目前沒有更具彈性的職位，你就可以考慮換個工作。雖然要花點心力才能找到，並且你可能需要退一步才能精準地抓住機會，但機會一直存在。

要通往起始點，時機也是其中的一環。也許你獲得升遷，需要頻繁出差，但你才剛答應要照顧年邁的父母。當你個人的優先事項和選擇似乎限制你爭取機會時，這不算失敗，只代表了時機確實是讓我們難以前進的因素。意識到現在不適合做你想做的事可以激勵你在時機來臨前做好準備。

**＊問題四：你能為你的夢想提供資源嗎？**

在買酒預算上，我們都能實現喝香檳的夢想。了解實現夢想的時間、金錢和勞力成本很重要，但不要讓缺乏資源阻止你追尋自己的夢想。相反地，要把想像中可能的道路做為你遠大夢想的一部分。當你發現自己想方設法持續朝夢想邁進時，你就知道你在做的事對你很有意義和價值。

我們加入海軍陸戰隊其中一個原因是為了賺學費。現在回想起來，我們雖然很怕背學貸，卻對冒險加入軍隊賺學費的想法毫不畏懼，實在滿奇怪的。（這也解釋了我們有多熱愛冒險和挑戰。）

擁有更大的夢想有一部分代表了規劃一條途徑以獲得成功所需的東西。先將目標放在一旁可能有所幫助。透過模擬你開始追求夢想後，怎麼踏出第一步，接著下一步，還有之後的十步，你會開始設想如何建立、尋找、借用、獲得或創造完成夢想所需的資源，使你的夢想成真。當你的夢想與價值觀一致時，你會找到提供資源的方法。

## ＊問題五：該挑戰有趣嗎？

我們把重要的問題留到最後。擁有更大的夢想很大一部分是關於為生活帶來更多的快樂和滿足。為了讓你的賭注值得，設計自己喜歡的過程很重要。如此一來，當你遇到必須「擁抱爛事」的時候，你會意識到你遇到的困難實際上是你願意忍受的。此外，克服挑戰可能是我們人生中做過最令人滿意的事。

所以，當你思考自己想完成怎樣的夢想時，不僅要精準地想像成功的雀躍，還要想像路上的陷阱、低谷與痛點。當你充分思考自己的目標，而且可以說出並接受你可能會遇到的挑戰時，你不僅能在困難時期堅持不懈，甚至會在追求富有意義的成就時，發現這些試煉能帶來輕鬆甚至快樂。當你知道無論輸贏或成敗，自己所做的努力都會讓你在失敗中前進，接受挑戰帶來的困難就會變得容易許多。即使你錯過了目標，至少也會得到一些好結果。

## 生活中的冒險：寇特妮的故事

### 實現並重新評估移居山林的夢

我喜歡滑雪，無庸置疑，這是我最愛的活動。我在美國東岸長大，學會在短距離和冰冷的氣候下滑雪。大學時期，我對這項運動的熱愛讓我去到科羅拉多州和猶他州，那裡的滑雪道較長、遊客較少和下著小雪的天氣更是加深了我的愛。大學畢業後，在加入海軍陸戰隊以前，我去了西部過冬，追求在整個雪季滑雪一百天的夢想。在那次冒險中，我遇見了我的丈夫派翠克。我對滑雪的熱愛帶我找到我生命中的摯愛。

然後我回到現實生活中。海軍陸戰隊的生活令我滿世界跑，卻離滑雪道更遠了。退役後，建立我的事業讓我比起戶外更常待在辦公室裡。我和派翠克去了加拿大洛磯山脈度蜜月，這成了我們結婚初期和有了小孩後的度假慣例。我們會為每年一次的滑雪旅行存錢，花錢報名滑雪學校，讓我們的小孩也能愛上滑雪。我們的努力終有回報，很快就輪到孩子們帶著我們滑下山。

當我們有機會去瑞士阿爾卑斯山滑雪時，我們對這項運動終生的熱愛達到了巔峰。當時，我正在跟 Lead Star 的一位英國客戶合作一項長期的企劃，讓我們這次的旅行能成行。這麼多陽光明媚的日子，大量家人相聚的時間還有新鮮的空氣激發我們擁有更大的夢想。我們非常喜歡滑雪，我和派翠克忍不住想為什麼我們不能住在一個能常常滑雪的地方？我的工作是一大原因。這個企劃很快就結束了，我們可以選擇返回維吉尼亞州的里奇蒙，或者冒險搬到一個滑雪小鎮居住。

待在瑞士的某天晚上，我和派翠克討論我們有多愛山間的生活，也彼此質疑去了解為什麼我們至今還不願意徹底搬去山中小鎮居住。在我們提出一個個原因，笑著爭先解釋為什麼不行時，哪怕只有一分鐘，當我們考慮要跟從內心的聲音後，顯然阻礙我們不去實現夢想的諸多原因都只是藉口和恐懼。孩子們在歐洲適應得很好，儘管我們很怕帶他們出國。或許他們在山間小鎮也能適應得不錯？我們決定隔天早上告訴他們想搬去滑雪小鎮居住的想法。

翌日，當我們坐在餐桌旁吃早餐時，我們跟三個孩子分享之後可能會搬家的想法。那時我們的兩個女兒已經上國中，兒子還在小學。當孩子們興致勃勃地發表意見時，我們根本插不上話告訴他們細節。我和派翠克看來的巨大冒險，在孩子眼中根本算不上什麼。他們完全贊成。顯然需要勇氣（還有做專業的計畫）的是大人。

我們剩下的歐洲行都在為搬到加州太浩湖區做準備。到了出發的時候，我們都大膽地接受這次冒險。雖然我已經冒過幾次險，但這次的冒險感覺涉及了我的萬花筒各個領域。

此次決定帶來了許多美妙的經歷。住在內華達山脈樸實的滑雪小鎮特拉基鎮很奇妙。從越野滑雪、登山車賽到健行，我們都從安靜的山間生活獲得了自信和技巧。孩子們也學會駕馭具挑戰性的地形，同時看見跟隨自己內心為生活帶來冒險的好處。

然後，當新冠疫情肆虐全球時，我們就像周遭的許多人一樣，不得不再次評估我們的生活和優先事項，最後決定搬回東部，住得離其他家人近一點，我們這幾年來很少與他們相聚。我們也明白，當兩個女兒升上高中後，住在一個活動更多的社區對他們比較好。這是一個很大的改變；然而，回過頭看，我們沒有一絲後悔。

我和派翠克知道我們未來將會再次回到山上。那就是擁有更大夢想的意義：了解我們生活中真實存在的限制，同時意識到時機的重要性，未來將有機會再次打開冒險的那扇窗。當機會來臨時，我們將迅速打開心房，為體驗做好準備。

## 對自己的行為負責

夢想是想像更美好的生活極其重要的部分，和它同樣重要的是，你必須透過承諾來實現，也只有你能為其負起責任。你必須自己實現夢想。

當你擁有某個東西時，對待它的方式會跟用租的不同。想想去飯店過夜的情景：當你準備離開時，可能會把濕毛巾留在浴室地板上、沒有鋪床、地上散落亂七八糟的包裝紙。如果那是你家或公寓，上述情形或許不會發生。你做事的方式會有所不同。

我們必須以這個模式考慮我們的夢想，以及與之相稱的目標。那是我們的夢想，我們得為其負責。別人不會跟我們一樣在乎這些事，他們為什麼要關心？其他人有自己的生活，有各自的目標。這是你的人生，這些是你的夢想和目標；因此，對你來說應該是最重要的。

你首先要完成這些目標。在我們的人生中，對我們重要的事，也就是優先考慮的事，不會事先約好時間。這些目標不是可以簡單加到Outlook或Google日曆中的待辦事項。我們應該自始至終把目標放在第一位，持續朝目標邁進。如此一來才會有長期的變化。正是透過對小事的專注追求，最終才能成就大事。

所以，一旦你把目光投向一個很重要的夢想，你就必須為這個目標全力以赴。透過對其負責來付諸實行。負責代表在冒險的旅程中完成你設定的目標，你要主動承擔責任，避免把出現的任何阻力、失策或絆腳石歸咎於他人。當挑戰來臨時，我們的本能反應通常是從外部尋找失敗的原因：

- 如果投履歷沒下文，很容易把錯推給線上窗口或該企業的人事部門。
- 如果申請研究生沒有錄取，很容易把責任歸咎於招生部。
- 如果想出售房屋卻沒人報價，很容易怪罪房產經紀人。
- 如果時常與兄弟姊妹發生衝突，很容易認為都是對方太煩的問題。

當你在賭一把的過程中遇到挑戰時，如果你停止從外部尋找失敗的原因，開始往內心挖掘該怎麼扛起責任，採取不同做法的話，我們保證你將會解決問題，你會發現自己得到不同的結果，似乎能夠更快成功。

## 帶來快樂的冒險：安琪的故事

### 快樂是你自己的，去負責和發現

在海軍陸戰隊服役的經驗為我的生活方式及方向帶來很深的影響。我不僅在從軍期間獲得許多寶貴的經驗，還聽到很多很棒的格言，最後都成了我為人處事的準則，以下這句話是我最喜歡也最常提及的話：「你要為自己所做和沒做到的一切負責。」

無法逃避——在我眼皮底下發生的事是我的責任。所以，如果我對某件事不滿意，我別無選擇，只能選擇接受並改變它。我嚴格地將這個心態運用在工作、身體健康和家庭生活中。但倘若各位有注意到這個故事的分類，可能會覺得我很少為了快樂去冒險。

我一直沒有意識到我的人生中少了這部分的規劃，直到我開車送兒子和他朋友去練習那天，無意間聽到他們兩人的對話，他們在討論自己的媽媽有什麼休閒娛樂，吸引了我的注意力。這對兩個十歲小孩而言，是個雖然奇怪但也不失有趣的話題。我很好奇我兒子是怎麼看我的，所以我把頭靠過去，聽見他和朋友說：「我覺得我媽一直在工作。」

一開始，我必須承認我對他說的話感到有點震驚。我想插嘴說：「我才不只有工作！我會去跑步，每天晚上睡前都會看書，我幫你做早餐，帶你去海灘玩，帶你去任何你想去的地方。」然而，當我在心裡進行反駁時，我突然意識到我做的這些事非但不是為了玩，更不是為了我自己。我運動是為了保持身心靈健康，看書是為了放鬆，我為孩子們做喜歡吃的東西、帶他們去想去的地方玩讓我很有成就感，即使我根本不覺得享受。

這是這麼久以來，我第一次意識到我的生活中幾乎沒有娛樂，坦白說，這讓我非常難過，因為我沒有更有意識地創造那些讓我開心的放鬆時刻，並完全沉浸在我喜歡的娛樂活動中。

當晚，我讓兒子們上床睡覺後，開始思考自己人生中這個空白部分。我把生活中最快樂的時刻寫下來：現場演唱會、舞台劇、跟女性好友共進晚餐和騎腳踏車（不是運動，而是去冒險），很快便發現有幾個共通點，顯然對我而言為了快樂冒險不需要花大錢、耗費很多時間或極其奢侈，只要想去做就行了，而且只有我自己能做到。

因為我不是那種坐著等天上掉下大餅的人，只要擁有目標，我就會馬上採取行動。（我猜我幾個朋友很驚訝這麼晚還收到我的簡訊：「我們星期六出去玩吧！」我的大兒子也很驚訝，但是不同的驚訝，因為他隔天早上起來得知我們要去看 Green Day 的演唱會！謝謝你，Green Day，橫跨老中青三代的樂團。）

我的閨蜜夏儂說過一句很棒的話：「我祈求上天指引，竭盡所能去做事。」我喜歡這種心態。你可能沒有禱告的習慣，但你或許有自己的信念，或練習向世界貢獻你的理想與目標；抑或是你有真誠的意願，不停地談論自己想做的事。不管你經由何種方式把自己的夢想帶到這個世界，都很棒——請繼續下去。不過，為了實現目標，請記住責任和行動都取決於你本身，只有你自己可以爭取。

## 爭取

一旦你提高夢想的標準，也了解崇尚行動和責任感是冒險成功的關鍵，是時候知道行動急迫性的重要了，並且要以有意義的方式去做。

不要只是空等——人生不是在排隊，也不是在交流道上試圖卡進車流中，你也不是在點咖啡。這是你的人生，該你行動了，去爭取吧。

一些最為人所知且激勵人心的領導者都是創新的先驅，並未等待別人發掘。他們為自己的長才創造需求，一有機會便去爭取。

想想J．K．羅琳，要是她在寫《哈利波特：神祕的魔法石》時，產生自我懷疑並放棄她的計畫會怎麼樣？又或者史帝夫．賈伯斯在推出Lisa電腦失敗後，從此關上他的發明開關，發誓不再設計其他產品該怎麼辦？要是內衣品牌Spanx的創辦人莎拉．布雷克利設計了幾個原型後，無奈地舉起雙手投降道：「沒有女生會買我的產品！」便停止追求夢想呢？

儘管很難，但不要以我們現在對這些人的了解去想他們。想想他們成功以前的模樣，這並不難想像，對不對？難道他們不是都在某一刻拚命爭取屬於自己的機會嗎？還是說，等他們開始自己的道路後，他們曾質疑自己是否選對了方向，或花時間追求夢想真的好嗎？如果他們半途而廢會發生什麼事？

我們知道：要把這些領導者和他們的成就分開來談很難。與這些人本身建立關係似乎更難了。然而，就在不久前，他們跟我們這些有夢想的普通人一樣位於相同的出發點——儘管遇到阻礙，他們依然找到繼續前進的勇氣、信念、自信和韌性。他們放手一搏，其中有很多人以意想不到且令人驚訝的方式獲得了回報。

為什麼你不能創造跟他們類似的故事？

成功需要夢想、責任感、積極性和行動。一旦你採取行動，就會讓自己處於更好的位置，對其他人而言也更強大。想想你在生活中的各種責任——你的家人、所在的團隊和組織以及你的朋友，你必須先學會如何採取行動來貢獻和達成目標，一旦你擅長去冒險、抓住機會和把握重要時刻，你也可以更好地提升他人能力並服務和支持他人。

## 尋找火花

一個透過行動確保你沒有迷失夢想，並錯過把握未來的簡單方法是在生活中「尋找火花」。這裡的火花指的是常常讓自己處於有點提心吊膽的位置。在這種時候，不要害怕火花。更何況，你不是希臘神話中的伊卡洛斯，就算飛太靠近太陽，翅膀也不會燃燒殆盡。對於像我們這樣的凡人而言，火花會加快我們前進的速度，是一件好事。

火花體驗可以是企劃、角色，甚至是志願服務，只要符合以下任一或全部條件——越多越好：

- 這是初次體驗
- 結果很重要
- 有成功或失敗的機會
- 重要人物在注意（有時是朋友或監督你的夥伴）
- 讓人感覺難受[2]

當我們發現對自己很重要的火花體驗，並且有勇氣抓住機會時，成長就是你的回報。我們越尋求火花，就越善於冒險取勝。（也會變得更適應令人不舒服的狀態。）當我們開始持續不斷地尋求冒險，有意義的回報也會隨之而來。

擁有更遠大的夢想，不懈地督促自己，不斷地塑造並抓住機會賭自己一把。

## 付諸實踐

- 前往官網 www.leadstar.us/bet-on-you 繼續建立你的個人冒險宣言，檢視該如何提升並把握自己的夢想。
- 寫下對自己重要的夢想，利用萬花筒分類法自行創造跟每個領域相關且與你的價值觀一致的目標。
- 當情況不如所願時，練習戰勝責怪的本能。當你因外部因素感到沮喪時，請重新審視自己，找一個不同且更好的事情挑戰自己。
- 找出你的限制。一旦確定阻礙，大膽地做出克服障礙需要的改變。
- 尋找火花。列舉你人生中擁有火花的時刻，並刻意地尋找有助於你增長能力及成長的機會。
- 不要等到天荒地老才採取行動，慢慢建立起崇尚行動的習慣。

1 鮑伯·珊波斯（Bob Samples）。《隱喻的頭腦：創造性意識的慶祝》（*The Metaphoric Mind: A Celebration of Creative Consciousness*），麻薩諸塞州里丁：艾迪生韋斯利出版（Addison-Wesley Publishing Company），一九七六年，第六十二頁。

2 來自研究火花體驗及其發展價值的非營利組織「創新領導力中心」（Center for Creative Leadership）。

# 第四章 選擇你的指引

「我們在世上是有原因的，我相信其中一個原因是扔出小小火炬帶領人們穿越黑暗。」

——琥碧．戈柏

**快速瀏覽**

本章將帶你認識成功的旅程並非憑一己之力就能完成，以及如何在對的時機找到對的指引。

**重點發想**

- 除了你本身的才能，指引你的對象可確保你冒險的道路盡可能有效且激勵人心。有人指引會加快成功的速度。
- 重點在嚴格篩選對你產生影響的人。尋找曾經在你想冒險的領域成功的可靠指引。
- 認識到某些指引只會出於某個原因短暫出現在你生命中。有目的地發展人際關係，幫助你建立信心，並知道該如何賭一把。

如果有一天突然有個人出現在你家門口，然後說：「嘿，我知道你想要什麼，我來這裡的目的就是要告訴你該怎麼做。」那不是很棒嗎？

我們知道這種情節很常出現在書和電影中。在《姊妹》這本書裡，個性正經八百的圖書編輯史坦小姐就做了這樣的事，她對尤金妮亞．「史基特」．

費蘭說：「把令你感到困擾的事情寫下來，特別是其他人毫無感覺的事。」史基特聽從她的建議，最終獲得自己夢寐以求但感覺入門充滿挑戰的職業。《七寶奇謀》書中那名已故的拓荒者切斯特・考伯特所留下的研究和歷史地圖，把船員帶往可以拯救他們父母家的寶藏。

我們很清楚人生不是虛構的故事，對的人總會在對的時機出現，為我們提供剛好幫得上忙的有用資訊。但總有一些人、資源和訊息網站可以成為你的指引，讓你帶著更多信心、熟練度和輕鬆的心情冒險。

Google的前執行長艾瑞克・史密特曾為雪柔・桑德伯格扮演這樣的角色。眾所皆知，她一開始拿到Google的錄取通知時感到自己「跳躍不利」。當時，她在考慮兩份工作機會，其中一家是Google。雖然她很興奮，但這份工作的定位有點模糊。艾瑞克告訴她：「當妳有機會坐上火箭時，不要再問『什麼火箭？』，直接坐上去就對了。」她聽從他的建議，後來的事就不用贅述了。

請注意，我們說的是一些指引，不只是一個指引。（是否會有一個像甘道夫之類的巫師出現，帶你走上自己的道路並發揮潛力，這件事十分值得懷疑。）這裡說的指引更像是你刻意聚集的一群人，願意幫助並指引你方向：

- 幫助你以更簡單的方式逐夢的網紅
- 與你同社區並正在做你想做的事（而且可能願意幫助你）的企業家
- 用你理解的話語激勵你擺脫自我懷疑的健身教練
- 為你提供實現目標的技巧和捷徑讓你少走冤枉路的作家
- 告訴你旅程中潛在的危險讓你節省時間的教練
- 出於愛和尊重告訴你未經美化的真相的朋友
- 看出你很有潛力並且真正擁護你的老闆

大多數人脈和資源都不會平白無故送到你身邊。你的任務是找到他們（或認出他們早已出現在你的生活中），並有意識地與他們聯繫交流。除了你本身的才能，指引你的對象可確保你冒險的道路盡可能有效且激勵人心。我們不能忽視指引的重要性，我們都需要指引。生活中很少有事情是我們能獨力完成的。

## 生活中的冒險：寇特妮的故事

### 加速學習的一堂課

我知道我不是唯一會透過設計可以親子參與的「好玩」活動，來打斷孩子們看電視和滑手機的時間的人。我故意加上引號是因為我有三個小孩，所以我覺得好玩，或許不是所有人都這樣想……或至少，不是每個活動都這樣。但就在最近，我覺得我選對了。我們決定來趟泛舟自助旅行。

我和派翠克有過幾次刺激的泛舟經驗，所以我們知道泛舟所需的知識。而且這次旅程的目的地是當地一條較小的二級溪流，我有信心可以帶著全家人完成這趟旅程。

到了泛舟那天，大家都穿上救身衣上了船。幾分鐘後，我和派翠克便發現知道怎麼做的同時還要教孩子們做，不如我們預期的簡單。划到河流平緩的地方都沒問題，然而當河流變得湍急時，便暴露出我們的技巧不足。轉眼間，我們的女兒潔西卡從汽艇彈飛出去，掉到湍急的河流中。她妹妹卡拉是個游泳好手，跳進水裡把她拉到安全的地方。兩人都意識到水流比看起來還急，然後派翠克也跳下去救她們。好險附近一個旅行團的泛舟教練給他們重要、簡潔的指示，讓他們可以爬回我和兒子正操控穿越礁岩的汽艇上。

雖然當她們落水時，我和派翠克沒有感覺到任何人處於迫切的危險中，但我們意識到試圖在自己的經驗和專業知識外自行泛舟有多愚蠢。而這次意外顯然使我女兒的信心大受打擊。當天開車返家時，我問她們會不會想再出來玩，幾個禮拜後再試看看不同的行程。她們表示雖然這次玩得很開心，但她們不確定近期內還會不會想再來泛舟。

任何認識我的人都知道我是個很有領導欲的人，我可以從我做的每件事中發現關於領導的教訓。我自然而然會把急流泛舟裡隱喻的領導力和人生經驗做結合。雖然我知道這次的泛舟經驗讓兩個女兒失去自信，但如果沒有正面的體驗，她們可能再也不想泛舟了。所以我知道該怎麼做才能讓她們找回信心：我得計畫下一次旅行。

不過在此之前，我得好好運用從這次經歷中學到的教訓。明白了我和派翠克的經驗不足以帶領整個團隊後，我們便找了家泛舟公司的教練。我們需要專業人士的指導。

第二次的泛舟之旅跟上次有點不同。我們得到比我和派翠克更全面的安全講解。教練花時間替我們解答問題，減輕大家的擔憂，並提出很多情景假設，讓我們知道什麼時候該做什麼。透過他全程安全指導，加上教練本身也很風趣、熱情，我感覺得出來孩子們都受到他的情緒感染。他的精神為這次旅行訂下良好的基調。

我們知道出發後，進入的水域會比上次還具挑戰性，會有好幾個五級湍流。但在我們體驗的過程中，包括小心翼翼穿越礁石的時候，我都沒有聽到任何壓力或恐慌的聲音；我聽到了笑聲，看到每個人因為經驗增長而露出自信的笑容。

第二次的行程比第一次更長、更挑戰，也更具技術性。然而，在教練的帶領下，我們比上次更快抵達終點，也更加熟練和輕鬆。更令人欣慰的是，我的三個孩子整趟旅程都待在船上（我倒是掉下水一、兩次，但這只讓整趟旅程更錦上添花）。當泛舟結束後，孩子們都還想再玩一次。

作為一個媽媽，我當然因為任務完成鬆了一口氣——大家都玩得很開心！更重要的是，這趟旅程也給了我寶貴的警示，若要加快成功的速度，知識淵博和可靠的指導是無可取代的。

## 指引能加快成功的速度

當我們學習當一名海軍陸戰隊軍官時，花了很多時間鍛鍊看地圖和指南針的導航技巧，這是在戰場上領導一整個排的基礎知識。我們知道總有一天會遇到要搭直升機去到陌生地點的狀況，所以必須利用簡單的工具帶領團隊從A點前往B點。當然我們可以依賴GPS導航，但也可能遇到科技不起作用的環境。在那種情況下，我們需要準備好只用老祖先的智慧穿越任何地形（樹林、城市街道、沙漠等）。

我們也想起來如果被丟在一個不熟悉的環境，而且沒有攜帶導航工具，會發生一個有趣的現象。人性會占據主導地位，你可能會開始繞圈，到處亂走，不只浪費時間和體力，還害整個團隊冒著生命危險。可以說，沒有地圖和指南針，就彷彿走在一個人山人海的商場停車場裡，卻發現自己忘了車停在哪，感到迷失方向，無處可去。

因此，擁有指引（活生生的地圖和指南針）是很重要的。像是教練，給予我們方向，讓我們做到最好。當我們想提升對自己下賭注，把冒險融入日常生活的能力時，若是沒有嚮導，我們就會發現自己不是忙得團團轉卻毫無進步，就是漫無目的地走在一條不會引導我們前往目的地的路上。請記住，移動不總是等於進步。值得信賴的領導者給予的指導可以確保我們努力獲得成果。

對你來說，重點是要意識到某個人（可能是你知道的人，或至少是你可接觸到的人）可能擁有能幫助你更有成就，為你帶來啟發與激勵的關鍵知識。當你建立正確的指導團隊後，賭自己一把就會變得更愉快、更有效率、更加安全，甚至可以確保你不會浪費自己最寶貴的資源——時間。

作為領導力的教練，我們知道當客戶上門諮商時，希望能利用我們的經驗，以便最大限度地減少錯誤並預測挑戰，同時盡可能迅速抵達目標。他們知道我們是經驗豐富的領導者，自己闖出一條路，又指引他人前進。他們希望我們給予挑戰和支持，我們一起制定新的策略，使他們能夠更快、更有效率地利用自我優勢、市場和機會。我們相信作為指導者，首要任務是要讓別人加快成功的速度，從良好的指導經驗中汲取教訓。

目前市面上有大量資源能幫助你實現個人和職業上的目標。事實上，YouTube、Pinterest和LinkedIn等都是很棒、令人愉快的平台，有提供教育知識、啟發和告知資訊的作用。然而，請注意：這些資訊通常帶著很多表面的細節，可能沒辦法解決你所處的獨特情況——像是騙人點擊率的文章：

**五個改變生活的簡單步驟**

第一步：決定改變

第二步：做出改變

第三步：欣賞變化

第四步：實行更多改革

第五步：實踐成功

相信我們，如果一個人可以如此輕易地改變，那大家早就都這麼做了！網路餵養我們的資訊是為了消費而存在的，雖然給予很多資訊和啟發，但不會給你回饋、傾聽你的挑戰、為你提供如何進步的量身指導。能做到這件事的只有人，這也是為什麼培養人際關係符合你的最大利益，當你需要支持時，支持就在你身邊。

### ＊可靠因素

當你考慮讓他人進入你的生活中幫助你提升時，我們希望你能好好選擇對你產生影響的人。你正嘗試接受冒險，這是個會讓很多人感到不自在的技能。因此，與你周遭的人主動給予的指導相比，你所尋求的指導會更具體有效，讓你繼續前進。我們會提供一些標準讓你更明智地選擇你的指導者。

## *他們曾達成目標或做過相同的事

首先，他們必須在你尋求支持的領域裡是可靠的。如果你剛被選中進入當地非營利組織委員會服務，最好尋求擁有在委員會做事經驗的人幫助你了解如何準備，比如第一次開會有什麼注意事項。或是，如果你想換一家公司任職，除了上網查詢評論（可能對你有幫助，也可能有心懷不軌的員工聚集發洩不滿），也可以試著和該公司的現任員工聯繫。如果你不認識該公司的員工，請上LinkedIn平台查詢，評估公司官網頁面，看看你是否喜歡自己查到的資訊，並想想看自己是否能跟在那裡工作的人建立關係。關鍵在於找到其他擁有相關經驗的人，有助於你獲得做出明智決策的觀點。

你可以透過以下標準判斷一個人的可靠度：

- 他們對你感興趣的活動有經驗
- 他們在這條路上獲得成功

- 你尊重他們的判斷和意見
- 他們樂於與你分享見解

相信不用我們強調，你也知道可靠度有多重要。我們的生活圈中有很多人在我們想發展的領域沒有經驗，卻還是十分願意提供意見。在我們處於過渡期、人生的十字路口，甚至是實現里程碑的路上尤其如此。想想你人生中的轉捩點：完成培訓計畫、結婚、轉行、考慮搬家，你還記得收到了多少不請自來的建議嗎？數不勝數，對吧？

這些人可能都是出於好意。請相信，當你的姊姊在你要參加校董會的競選，告訴你這不是個好主意時，她是衷心為了你好；或者，當你的朋友一直把現在投資處於高風險的新聞連結傳給你，他是真的關心你。我們並非要你無視他人的意見，只是要你小心斟酌。雖然要注意來自不可靠來源的相反觀點，但你的目標是要持續建立對自己判斷的信心，如此一來，你就可以接收這些意見，將其歸類在「資訊」類別。資訊只是訊息，並非指令。

## 指導的時機和理由

指導總是有適當的時機和理由。當你努力更好地利用冒險獲得更大的成就，思考你的夢想，以及自己建立的萬花筒時，請花時間審思自己需要哪種類型的幫助。有時候答案很明顯，例如，你想做生意，所以去詢問律師如何建立徵稅用途的企業，就真的能從中受益。有時候則沒有答案，也許你遇到撞牆期，不知道該找誰幫忙，因為你不太確定自己需要哪種類型的支持。在這種情況下，你可能會需要一位或多位導師的指導，藉由提出好問題來幫助你擺脫困境。

我們想強調的是，對你來說，在對的時機出現的最佳指導者會有能力提出有用的問題。在你的人生中，如果你不確定自己要的是什麼，這不是別人可以解決的問題。一個優秀的指導者不會告訴你該做什麼，他們會提示你思考自己想做的事，提供你一些想法，幫助你思考出問題的答案。

正確的指導如下：

- 啟發而非替我們決定道路
- 加強而非支配我們的意見
- 給予我們力量而非幫我們做
- 激勵而非削弱我們的信心
- 挑戰我們的思維並幫助我們提升而非向下沉淪

有了這些標準，當你從指導者那裡獲得技能後，你的人際關係自然而然會隨著時間推移而改變。這跟你與父母的關係大同小異：在人生某個時刻，你依靠他們以及他們給予的資源生存。最後隨著你變得獨立，你的人際關係也會跟著演變。隨著你長大及發展，對你而言值得信賴的指導者可能會成為你的同僚或朋友。或者那個人會從你生命中消失。在你開始有所成就的時候，這些都是正常且可以預見的。我們能夠想起很多在對的時機出現，為我們提供重要指導的人，雖然他們已經不在我們的生命中，我們仍對他們的支持和智慧心存感激。

那麼，下一個問題就很明顯了：哪裡能夠找到有價值的指導者？

## ＊三巨頭

不管你身處哪個位置，你可能並沒有刻意建立人際關係，幫助你提升自信並了解如何賭自己一把。沒關係，現在開始也不嫌晚。我們堅信你的生活中需要「三巨頭」幫助你在冒險的旅程中獲得資訊與靈感：

- 擁護者：在特定領域比你更有洞察力、經驗和知識，又可接觸到的人。
- 大舞台家：會跟你分享知識和／或新思維方式的思想領袖（但你不會一

對一與之交談）。

- 無從選擇者：大多數無從選擇地出現在你生活圈的人（家人或同事），但仍圍繞在你周圍，建議從有幫助到沒幫助都有。

讓我們探索該如何找到並邀請這些人進入我們的生活，或就無從選擇者而言，設法與他們相處。

## 職業生涯中的冒險：安琪的故事

### 尋找並幫助你的擁護者

「妳是誰？」有一天我的朋友約翰問我，因為我正在跟他分享我開會時發生的一個有趣故事。

我和約翰在我們二十出頭時就認識了，所以他很了解我。但他想問的是像我這樣一個來自密西根州卡爾卡斯卡郡的小鎮女孩，怎麼會在上禮拜去到五角大廈跟美國海軍最高級別的軍官開會，帶他們深入了解領導力發展計畫。約翰也曾在海軍陸戰隊服役，他知道能被該級別的領導層邀約絕非碰巧，需要內部推薦才能拿到進入五角大樓的貴賓通行證。他很敬佩，出於好奇問了這個問題，想知道事情是怎麼發生的。

我只是面帶微笑簡短地對約翰說：「我是溝通大師。」當然我是開玩笑的，我不確定自己的溝通技巧是否真那麼厲害，但對你和找到擁護者的過程更有價值的詳細解答是：我喜歡與人相處，而且我對別人的故事及其成就十分感興趣。我每遇見一個人，無論他們從事什麼工作，擁有什麼頭銜，我都有一個簡單的方法與他們相處，而且對我的旅程非常有價值：

- 問的問題比我回答的多
- 聆聽並從他們的故事中學習

### • 盡我所能地提供支持

最後一點是關鍵。建立關係需要兩個人。對於一段關係，重點是要意識到你可能沒辦法在當下給予幫助，但總有你能提供幫助的時候。務必永遠在他人有需要時伸出援手。

我很少主動跟人有這種程度的互動。我小時候很害羞，我媽總是給我最大的鼓勵並建議我如何跟周遭的人相處。在我就讀高中時，我在鄰鎮一個富裕家庭中擔任保母。我幫那家人工作了幾天之後，就向我媽媽坦白，跟那家人的父母交談讓我很不舒服，因為我們的生活差距太大了。

我媽跟我說，如果我不知道要說什麼，我可以問問他們的生活。「安琪，人都喜歡談論自己，人是一塊謎團。妳喜歡解謎。問問題能幫助妳了解他們。」這是一個很好的建議，從那以後，我便一直使用這個方法。

一連串開放式問題能解鎖別人生活的樣貌，揭開他們在關鍵時刻會有的想法。總之，我發現透過這種形式的交流，讓我對生活有更多了解，而不是反過來讓其他人花時間了解我、問我問題。畢竟，我了解自己，但我不了解他們。這就是我覺得傳統的指導關係無法發揮最大潛力的因素。

我更喜歡稱其為擁護者，而非導師，因為指導通常是片面的「請幫幫我！」強調受到指導的人。我喜歡轉換角度。雖然我常常尋求建議和指導，也就是「幫助」，但我把焦點放在我的擁護者身上，透過了解他們一路走來的風光，獲得我需要的資訊。況且，當你開口就要求別人指導你，有時候會讓初次見面的人感覺太過正式。不過，若是你詢問別人的生活如何，就會是較悠閒、輕鬆的關係——這很容易，要說合適的詞形容，那就是擁護關係。

而那正是我去到五角大廈的原因。我曾經跟理察．沃恩．斯賓塞這位了不起的領導者共同任職於某個委員會，他後來當上美國海軍部長。理察不只在海軍陸戰隊服役，還是一個成功的商人。當我了解他的職業生涯後，我知道我也可以學習他的經驗。記得我曾問他介不介意我偶爾問他企業上的問題。我不想讓他覺得困擾，因為他真的很忙，所以我對自己提出的問題都很謹慎。然後，不可避免的情況出現了。由於他的建議對我很重要，所以我們進行了一次談話。

令人敬佩的是，理察沒有讓我失望。他對我說了我需要的建議，而非我想聽的話，這就是擁護者存在的價值。談話結束後，我感謝他慷慨提供我所有建議。在我們道別時，我表示：「有什麼是我能為你做的嗎？」

當我聽到他回答「有」的時候，感到很驚喜。他一直致力於幫助海軍重新構思人員發展，想知道我是否願意跟海軍作戰部長見面，他是組織中最高級別的軍官——四星上將，討論學習與發展的趨勢。我隨口表示沒問題，內心因為有機會幫助海軍如此級別的人物感到興奮不已。

## 提出問題

跟有趣的對象建立關係會讓你的人生充滿驚喜和愉快的曲折。當你藉著了解他人的旅程，尋求為自己的旅程增加價值的機會時，只需要做一件簡單的事：**提出問題**。

當你尋找具有指導和洞察力，能助你進一步推動賭注之旅的技巧時，我們知道一開始很難鼓起勇氣問這些人能否抽出時間。我們希望透過以下方法幫助你減輕心理負擔：如果有人接近你並說「你的人生故事很棒，你介不介意撥出五到二十分鐘，跟我說說你的故事呢？」你會不會感到與有榮焉？是不是會覺得很開心？難道你不會想答應嗎？

這就是我們想表達的重點。你真誠的對其他人表示好奇正是你表達對他們成就的尊重，並重視對方的方式。大多數人會很開心的與你分享他們的故事。而假如他們不願意，那他們不是很忙，就是真的不是「樂於與人接觸的人」，代表這些人不會是最佳的潛在擁護者。如果人們說「不」，不代表他們拒絕你。這無關個人，所以不要因為被拒絕而對之後的請求感到心灰意冷。持續提出問題與人建立關係，你就能為自己的旅程獲得正確的洞察力和靈感。

## 大舞台家

正如我們需要從導師身上獲得智慧和指導一樣，我們也需要源源不斷的心靈燃料和靈感以開啟新的思維模式，分享生活技巧，為我們的人生旅程帶來源源不絕的靈感。

我們需要大舞台家——在可接觸大眾的平台說話的人，讓我們參與進去，幫忙創建社群。社群是重點。如果你在嘗試新的事物，聽見來自世界各地志同道合的人拓展新領域的經驗往往會很有趣。畢竟，你周遭的人可能不會像你一樣提升自我，不知道該怎麼支持你。但有人可以。大舞台家是很有價值的一群人，因為他們能激發對話。由他們建立的社群可以變得更好，因為他們賦予思想領袖的訊息生命。創建社群的大舞台家有多種形式：

- 作家和研究人員
- 網路名人
- 專題演講者
- 媒體主持人
- 信仰或精神領袖
- 藝術家
- 健身教練、生活觀察家和其他領域的大師這些人，又名大師團隊，需要一直出現在我們生活中，這樣我們才能持續保持靈感，專注於實現成功。然而，讓他們出現是我們的選擇，像是透過不同的方式和媒介認識這些人：訂閱他們的時事通訊、聽他們的 podcast 或有聲書、與他們的社群進行互動、參加他們的課程，或加入他們的遠距線上騎室內自行車健身活動。

就像擁護者或一般的指導者一樣，出於各種理由，我們的生命中也會有很多大舞台家。當他們的意見一直出現在我們的生命中時，有助於我們提升自己的願景。面對現實吧，生活可能是一連串的磨難。但當我們尋求改變時，現狀總是有一股強大的吸引力，因為感覺很舒適。而時常被提醒「在日常生活之外存在著我們渴望的目標」能夠號召我們持續追求更高的境界。

## 找出有趣和有價值的節點

找到合適的大舞台家最佳的方式，首先是要找出最吸引自己的事物，以及對你有價值的資訊類型。在這個節點，你將有探索的機會。一旦你透過書籍和媒體踏進大舞台家的大門時，關鍵在於讓與你相關的正面影響和訊息出現在你的生活中，如此能讓你保持靈感。而且，大舞台家很棒的一點在於他們會在你需要的時候到來。

我們的朋友卡拉是一家大型石油和天然氣公司的控制員。她每天工作十個小時以上是很正常的事，再加上她已組建家庭，沒有過多的空閒時間。然而，她仍會在日常生活中排出個人靈感的時間。當她早上起床時，她不再先查看收件匣，而是改掉這個習慣，轉而聆聽一個冥想呼吸老師的線上課程。她會利用通勤三十分鐘的時間，安靜地聽有聲書，並追蹤了一些生活類網紅。她會在午餐休息時間去散步，用耳機聽著podcast。這些行程讓她獲得每天尋求的心靈燃料。

她說在開始這種靈感練習前，她的腦中總是塞滿有線新聞節目，對她來說，這樣的生活總是讓她對身旁的人事物感到焦躁和憤怒。有一天早上，她跟一名同事稍微聊過天後才發現到這個現象。回到辦公室後，她意識到她所展現的活力不像她自己，這不是她想要成為的人。她發現自己焦躁的根源來自聚焦在衝突的負面新聞，她知道自己需要做出改變。

透過轉換收看的媒體頻道，她為自己打開新的視野。隨著她的抱負受到激勵，在工作中也有勇氣承擔更多責任，從而將目光放在晉升機會上，灌輸她的團隊（她領導一個一百四十人的團隊）與以往不同的風格。她開始為她正在聽的書發起一系列的學習與發展講座，帶著她的團隊一起成長。她知道長期存在她生命中的大舞台家，激發了她的拓展能力，她也可以證明把這些人介紹給她的同事認識，對她的工作環境產生了正面的影響。

我們所有人都有機會按照自己的條件讓大舞台家進入我們的生活，圍繞生活中某個穩定、激勵的存在建立習慣，提升自我能力，因為我們始終致力於實現自己的目標和抱負。

## 無從選擇者

在我們生活中的最後一類人是無從選擇者。這些人不是注定相遇的人（家人），就是我們生命中的過客。其中有很多都是很棒、不可思議的人，他們的愛和支持是我們幸福的關鍵。然而，有一些人坦白說對我們不總會帶來好處。這不是說他們就是壞人，只是他們並不鼓勵和支持你有更好的發展和運用冒險來成長。原因可能有很多：他們不知道該怎麼支持你、他們對你的成長不覺得興奮、他們為你感到緊張、當他們看見你追尋自己的目標時感到有點忌妒，以及／或他們擔心你的改變是為了他們。（正如前面所說，當你改變時，無疑會對周遭的人產生影響。）

對於你生命中那些對你正在進行的旅程感到好奇和興奮的人，要與他們拉近距離——他們是你的支持者。你會透過他們的積極性和參與度發現這些人。在第六章中，我們將進一步探討該怎麼讓這些人參與，因為我們毫無疑問需要他們。

在本章中，我們想討論的是那些不願為你渴求的目標提供支持和鼓勵的人。我們不會建議你拋棄他們。具挑戰性的現實是，出現在你生命中的無從選擇者可能是你的伴侶（你真心選擇且希望一起生活的人），或你的兄弟姊妹、老闆、成年子女、父母；換句話說，是一段你不願割捨的重要關係，你只希望關係能變得更好。我們鼓勵你認識到你有很多選擇可以妥善處理這些關係。

首先，要記住自信是一種情感。意識到這件事有助於解釋為什麼自信會隨著我們面臨的每個挑戰起伏。我們的自信也很容易受到從不留情的公眾輿論影響。我們應該設定一個目標，選擇性地讓某個對象影響自己的價值觀。

如果人人都能影響我們，我們的信心將會像坐雲霄飛車般起伏不定。

我們建議你只接納真心把你的最大利益放心上的無從選擇者提供的意見。我們需要過濾意見和想法有價值的人以及那些毫無建樹的意見。就算一個人跟你關係密切，也不代表他很重視你的利益。

通常，負面情緒更多是傾訴者的不安全感，與你的生活沒太大關係。尤其當負面情緒是透過自我中心或被動攻擊的方式傳遞時，你可以聆聽並保持禮貌，但不要往心裡去，反而要過濾掉此類訊息。（說得容易，做起來很難！）

如果有人不支持你，或實際上做出傷害你的行為，試圖用負面情緒影響你，不要感到有必要採納對方的建議，或擔心你不分享心事。小心不要讓那個人削弱你的信心。負面情緒和懷疑永遠不會消失，但那不代表你就必須全盤接收，尤其是來自你最親密的人。

我們要知道賭自己一把會改變你的人生，當你改變時，你周遭的人也會受到影響，而他們有些人會不喜歡這些改變，比方說：

- 如果你正在考慮晉升，現在的工作搭檔可能對你即將成為他的上司感到不滿。
- 如果你選擇制定一個更健康的飲食計畫，你的家人可能會對你不想跟他們一起去最愛的那家餐廳用餐感到不滿。
- 如果你考慮搬家，你的伴侶可能不願意敞開心胸思索你的意見，特別是他們對現在的居住環境很滿意時。
- 如果你想投資副業，你的伴侶可能會覺得把這筆錢用在其他優先事項更好。
- 如果你想在星期六早上開健身班，你的孩子可能會對你缺席家庭時間感到不滿。

當你接近那些支持你去冒險的無從選擇者時，我們要告訴你一個重要觀念：妥協。並非要你對自己的夢想妥協，而是希望你願意調整通往夢想的道路。

## 尊重和共同點

我們發現當衝突產生時，不是所有無從選擇者的關係都能輕鬆而巧妙地得到解決。但是，我們的確知道，如果你發現自己跟希望得到支持的人擁有共同點時，同理與尊重他人的觀點將大有幫助。雖然我們沒辦法讓自己在乎的人支持我們的旅程，我們還是可以愛他們，不讓他們影響我們的生活。儘管他們出現在你的生命中，也不表示一定要支持你；即便他們想支持，很多人也不知道該怎麼做。不要讓（或期待）他們做他們沒有能力做的事。

愛你們之間的共同點，並重視你喜歡跟那個人一起做的事。如果你持續以對你重要的方式進步，並且培養對生活中每個人展現優雅和同理心的能力，你可能會對批評你的人轉為支持感到驚訝，無從選擇者或許也會變得更能理解你的需求。在等待親近的人也能成長、進化的可能性的同時，不要讓他們影響你對自己的寶貴看法。

## 付諸實踐

- 前往官網 www.leadstar.us/bet-on-you 繼續建立你的個人冒險宣言，確認你的最佳指引。
- 花時間確定你生活中想要的指引類型，具體想出如何找到他們並與其連結的方法，以及你想從他們身上學到什麼。
- 有意識地處理你得到的訊息。透過選擇你的資源，不隨便聽信別人的建議，你可以設下與你生活需要的靈感更有連結、更出色且更相關的日常行程。

- 選擇與你想從事的冒險方面出色且可靠的指導者。
- 你對你的指導者和擁護者的經驗越好奇，學到的就越多。提出開放式問題，讓你能更了解他們的人生旅程，以及如何獲得具體的指導來支持你，像是：「你能跟我說你在哪裡長大及成長過程嗎？」和「如果你是我，一個〇〇歲的專業人士想從事〇〇〇，你會怎麼做？」
- 誰是對你有價值的無從選擇者？誰是你不確定提供何種支持的人？確定誰是可以影響你對自己寶貴看法的人；另外，注意如何跟不支持你的人互動。

# 第五章
# 實際行動

「成功的代價是努力、對手邊工作的奉獻精神，以及無論輸贏都全力以赴的決心。」

——文斯．隆巴迪

**快速瀏覽**

本章目的不僅為了強調努力才能成功，同時也是有助於你培養所需能力的實用指南，使你了解冒險的好處。

**重點發想**

- 勇敢說「不」，把時間當作不可再生能源管理，在日常生活中創造空白邊界，用行動探索風險。
- 成功是藉由職業道德、專注和對能讓你朝重要目標前進的日常承諾所建立的習慣產生的結果。
- 努力實現夢想，以創造實際機會決定未來。賭自己一把能讓你在真正做出屬於自己的選擇之前不要「主動放棄」機會。

想像自己走進一間健身房，室溫故意設定在攝氏四十度。在接下來的九十分鐘內，你需要完成一連串激烈的伸展操，但只有一次休息時間可補充水分。當你做完運動後，瑜珈墊和衣服早已被汗水浸濕，足以裝滿一個咖啡杯。

在運動期間，有個教練會指導你該做什麼動作、持續多久時間。可能是十秒，也可能是一分鐘。教練會要求你不要因為時間、溫度、站在你左右的人，甚至是前方鏡中自己的倒影而分心。你必須專注在當前，將身體伸展到很不舒服的狀態，盡可能將每個動作做到最好。

沒有人會知道你在訓練過程中有多麼努力，就連教練也是；你不會被打分數，訓練後也不會有個人回饋。你不期待任何評估，你的體驗目標可能只是「忍受」，因為你每分鐘都在提醒自己很痛苦，暗問自己為什麼當初要報名參加這個課程。你可能還會環顧四周，看到鏡子裡的別人似乎真的很投入這次體驗。你可能會想怎麼有人還想再來參加這樣的課程。

或者你可以刻意採取另一種策略。你知道你現在在健身房，決定留下來。你發現可以從不舒服的經驗中學習到某些東西，提醒自己是你選擇來伸展自己，所以要逼自己更努力一點，希望結果能獲得更好的體驗。

這整個體驗稱為熱瑜珈，對於新手或沒有天分的人來說，似乎是自找苦吃。但對熱瑜珈的全球追隨者而言，這個運動是他們的救贖。對我們兩個滿懷熱情想幫助你獲得賭一把的勇氣，讓你接受日常生活中的冒險的人來說，熱瑜珈是一個很好的比喻，說明每一天都是一種選擇。我們可以選擇對抗，或利用它來鍛鍊我們冒險的實力，一步一步地從舒適圈往外伸出觸角。

我們知道有時候你會覺得壓力很大，偶爾你會感覺自己被關在一個房間裡出不來，所以很容易用敷衍了事來應對。我們也知道，透過正確的焦點和一些指導打破現有的模式，就可以發現一種全新的生活方式，帶領你邁向成長、新發現和具有意義的探險。

毫無疑問，人生可能充滿挑戰。一個人要做出改變可能很困難。那麼，一個人選擇不去追尋未來的願景，或明知道活靈活現的夢想可以實現卻不去爭取呢？同樣很困難。

我們給你的挑戰是讓你選擇生活中想要的掙扎：是要因為未開發潛力而導致後悔，還是往外拓展做出循序漸進的改變，以達到對你、別人和整個世界更好的目標？

我們知道你已經準備好接受持續的冒險。本章將致力於幫助你在目前身處的環境創造適合的背景條件。

## 從勇敢說「不」開始

我們在第二章中談到找出你生活中感到不滿意、不充實或不快樂的地方，以及如何擺脫你身陷的義務，讓自己朝向更好的方向邁進。諷刺的是，為了達到對你來說重要的目標，第一步通常是要向不完全相關或值得的事情說「不」。我們明白為了讓自己能在生活中找到冒險的餘地而開始說「不」是最困難的——比方說，當我們：

- 拒絕別人占用我們時間的請求。
- 拒絕別人認為「對我們最好」的機會。

- 對抗別人為我們服務的內疚感，因為我們不想做那個人要我們做的事。
- 選擇不做社會讚賞但不為我們發聲的事。

這些情況可能很艱難，因為我們會覺得讓別人失望了。我們可以做到簡單的事，像是和自己談判：只有幾個小時、每個月只有星期六要做、不會像我想像的那樣花時間。但現實是時間是會累積的，我們花在取悅別人的時間越多，為自己冒險的時間就越少。當我們答應別人做自己不想做的事時，就等於讓別人的優先事項比我們的更重要。

表達拒絕可以是很勇敢的事，說「不」是一種冒險，因為它會為你的人際關係和行程安排帶來不確定性。然而，當你放棄上述那些事情時，你就能創造空白邊界，也就是一個閒置的時段，對你來說可能是新天地。空白邊界的目的是讓你進行冒險探索，不可隨意浪費，應該以生命守護。沒有空白邊界，你不僅最終會缺乏追求目標的能量和動力，還會錯失機會建立希望、實現里程碑和發現做自己熱愛事情的快樂。

拒絕與你的興趣、價值觀和偏好背道而馳的機會所獲得的時間，無論是幾分鐘、幾小時或幾天，都可以重新用在你生活中隨著時間推移產生豐碩成果的地方。「一夜成功」的概念實際上是建立在長期持續的一小段時間。當你快速進入真正可以改變人生軌跡的機會時，你需要考慮說「不」。

## 職業生涯中的冒險：桃莉．巴頓的故事

### 向國王說「不」，對皇后說「好」

我們最喜歡「勇於說不」的故事是桃莉．巴頓的親身經歷，她是經典名曲《我會永遠愛你》的詞曲作者和原唱歌手。

桃莉在一次採訪中表示，當她在一九七〇年代初發行這首歌，並登上金曲排行榜首時，就知道這首歌獨領風騷。這首歌發行後不久，貓王找上桃

莉希望能唱這首歌，這個提議很令人開心，也受到證實。桃莉對這個提議很感興趣，直到他的經紀人告訴她貓王通常會保留演唱歌曲的一半版權。這件事讓桃莉停了下來。在音樂界，眾所皆知，歌曲作者往往是熱銷歌曲中受益最多的人，而非歌手。貓王的歌絕對會暢銷，然而，他唱她的歌取得成功，卻要求她放棄自己非常重視的東西——對自己創作歌曲的所有權。

桃莉拒絕了他的請求。她對國王說「不」，放棄了賺大錢的機會。但她知道有比金錢更重要的東西——她的尊嚴、自我、原則和她個人的期望。桃莉在不知道未來發展的情況下做了這個堪稱大膽的決定。將近二十年後，電影《終極保鑣》上映，惠妮．休斯頓會錄製這首歌（且不要求任何版權），而她的版本將打破《告示牌》紀錄。桃莉後來表示惠妮演唱她的歌獲得的成功讓她賺到足以買下雅園（編註：貓王的故居豪宅）。[1]

桃莉大膽的舉動是個很好的提醒，你的拒絕不會關上機會的大門，甚至可能會創造你當前無法預見的機會。把時間轉回到現在，勇於說「不」能帶來很多厲害的冒險行動，比方說：

- 報名第一輪的線上課程，賺到你想攻讀的學位學分。
- 在工作中的重要簡報加倍努力，向高層管理者展現你的能力。
- 提升你負責的大型企劃的品質。
- 建立一個部落格或生活訣竅網站（或任何你想使用的社交媒體平台）。
- 探索能蓬勃發展的副業。

你創造出的空白邊界很重要。還記得小學時老師要我們不要在頁面空白處寫字嗎？現在我們要重新想像該怎麼利用這些空白。

## 創造空白邊界

你的空白邊界就是可以讓你完成工作的空間與時間，有助於你蛻變成更好的自己。每天可能只有一個小時，也可能是每週三小時。這正是你嘗試冒險的時候，還記得我們的承諾嗎？我們不希望你透過辭掉工作改變整個生活。你的空白邊界能讓你開始研究並測試自己想蛻變成怎樣的人。你可以利用這段時間建立人脈、創建 LinkedIn 的個人頁面、重寫履歷、準備並烹飪更健康的飯菜、練習吉他或學習一種新語言。

理想情況下，你的空白邊界要設定在你的大腦很活躍的神奇時間，就是在你覺得最不需要為生活瑣事煩惱的時候。對我們兩人而言，神奇時間是在一大早。我們都是早起的人，發現一天中最有效率的時間是待在我們的家庭辦公室裡，趁大家還在熟睡的時候，讓我們專注於更具策略性的工作（像是創造內容、寫作或發想新的計畫），而不會被推銷郵件、簡訊或電話打擾。我們利用空白邊界寫了第一本書的大綱；由於我們當時仍有穩定的工作，所以只能利用空白邊界來寫書。當然還花了幾個週六的時間，利用晚上通電話，花個二、三十分鐘討論。很多人說他們沒有時間追求自己的目標，我們的回答是你要為重要的事找時間。

對你來說，那段時間可能在晚上，可以是在你的小孩看Disney+的時候，你會有一個小時的空檔。或者，也可以是你的伴侶工作到很晚或參加社區活動的時候。你了解自己——利用你最能專心、做事最有效率的時間去冒險。

## 生活中的冒險：安琪的故事

### 判斷與集中

當新冠疫情肆虐全球時，據我所知，我的生活幾乎陷入停頓。以前我每個月經常會出差七天以上，而現在我就跟其他商務旅行者一樣，待在家等著不明朗的未來。而據我所知，我的工作也將永遠改變。我們公司的業務包括輔導、主題演講、現場諮詢和現場研討會。現在業務有很大一部分中止，隨之而來的收入也沒了。這個衝擊讓人既沮喪又迷惘，好幾個星期來，我都沉浸在否定機制當中。（我們將在第八章討論悲傷的情緒。）

我記得疫情剛開始時，跟我的一位擁護者交談過，他是美國參謀長聯席會議的前主席約瑟夫．鄧福德將軍。他同意擔任Lead Star舉辦的一個免費註冊的網路研討會嘉賓，跟我們的觀眾分享如何在充滿不確定的環境下領導。在開始直播前的休息室裡，他問我最近如何，我很誠實地告訴他我的感受，表示接下來幾個月我還可以堅持下去。他直截了當地告訴我必須為此做好要堅持十八到二十四個月的準備。當他這麼說的時候，我微笑地對他點點頭，但內心深處感到很沮喪。我不想相信他的話，但我知道他比任何人——媒體、政治家和商界領袖——還了解我們的現狀，而我需要吸收我聽到的建議，迅速調整我的期望。

有些人喜歡透過說話、塗鴉或走路來思考。對我來說，我會寫東西。我發現寫作能帶給我清晰的頭腦和方向。當天晚上，我坐下來把我聽到的建議寫下來，還有這具體對我的生活有什麼意義。我知道自己正進入一個大規模重新調整的時期，不僅僅在工作上，我知道是時候做出選擇了——接下來的兩年可能是我人生中最艱難的時期，也可能是最具變革的時期。

我一直對強烈的身心靈連結的觀念很感興趣；然而，我沒有很堅定地專注在每一個領域上。不過，我相信如果我利用生活中的空白邊界——每天至少九十分鐘——來維護我的情緒和身體健康，以及我一貫的價值觀，那麼我和其他人就會有力量和耐力度過疫情期間，而當我們回歸「正常」後，我會在我無法預期（就此而言，或說衡量）的地方做得更好。

換句話說，我利用空白邊界調整自己的身心靈。保留那個時段感覺既自私又必要，而且我敢說對其他人來說肯定既沮喪又煩惱，因為他們已經習慣我隨傳隨到了。但我知道自己的生活正在改變，我可以選擇消極地度過這段時期，也可以成為主導者。為了成為後者，我必須這麼做。方向不會在一次思考後就浮現，而是需要時間好好整理思緒。

我有幸做了這個承諾。在疫情期間，儘管面臨這麼多挑戰、損失、財務上的打擊，每天我都保證自己利用空白邊界讓生活步入正軌。這種日常練習讓我有時間管理我的生活，專注於我的未來，並用我們現在所處時期需要的方式進行創造和創新。令人驚訝的是，我甚至有更多時間思考如何利用自己現有能力幫助他人。跟人力資源部門合作這麼久，我對於其他人的價值就是知道怎麼寫一份還不錯的履歷並與工作機會產生連結。能幫助我的親友更新履歷，讓他們換一份更穩定的工作，既是一種榮幸，也是一種特權；為人才和企業搭起重要的橋梁也讓人感覺很棒。整個過程很令人振奮，讓我看到很多人失去的希望。我也很努力將這個特性擴散給他人。

我堅信你所擁有的第一個也是最重要的領導關係就在於你自己。如果你不能照顧好自己，就沒辦法進入一個能讓你發揮影響、激勵、賭自己一把，並支持他人旅程的境界。你的領導力是從內心開始，這真的很簡單，但也不容易。對許多人來說，要為他人服務，首先必須投資自己似乎不合常理，但你永遠不能給予自己沒有的東西。

你的生活應該會因為你的能力受到啟發和驚奇，這需要時間。開拓空白邊界並利用這段時間做對你的成長和發展至關重要的事。而當你真的騰出時間來……

## 不要半途而廢

沒錯，上述提到的觀念很重要。如果你把時間和精力花在創造生活中的空白邊界，以嘗試新的想法和計畫，你會想利用那段時間確定自己所做選擇的有效性，以及這個想法是否值得你追求。

當你的嘗試半途而廢時，你就可能對一個想法是否可行做出錯誤的結論。就像上了幾堂鋼琴課，沒有練習，然後得出結論你永遠無法像鋼琴人比利・喬一樣彈琴，於是你放棄了；然而，現實是你有潛力彈奏比利・喬的很多歌曲，卻從未盡最大努力或全神貫注去嘗試。

下列是日常生活中其他半途而廢的方式：

- 決定讓你的組員參與新的團隊建設活動，然後急急忙忙、不假思索地把所有活動安排在一起。在得到不冷不熱的回應後，你便得出組員對建立關係毫無興趣的結論。（在得出這個結論前，你應該嘗試讓組員參與進來，看看他們想做什麼，然後籌備與他們興趣和偏好有關的活動。）
- 從線上網站投履歷卻沒有收到回覆，便認為你想找的工作超出你的能力範圍（如果你真的想追求一個機會，你就會利用各種途徑讓你的履歷通過門檻，而且你肯定會打電話詢問對方是否收到履歷。）

- 決定致力於改變你與某個人的關係，然而當你跟那個人在一起時，卻把時間花在滑手機上。（現在要做到與人相處時不滑手機很難，但往往是我們加強跟他人連結的第一步。）
- 沒有用功準備你的房地產執照考試，最後沒考過並以此做為你不適合該工作的藉口。（這一條很明顯——沒有人會後悔辛苦準備考試。）

重點是，半途而廢的努力不僅僅會為你帶來糟糕的結果，還會帶來得到錯誤結果的風險。你甚至會發現自己錯過你想冒險尋求的豐盛結果。

在人生中，只用想的遠遠不夠。投入很重要，但不是全部。你必須做些功課去判斷這條路是否真的適合你。這需要責任、耐心和毅力，因為你所尋求的結果永遠不會立竿見影。

常言道，對開始健身計畫的人來說，你需要花四個星期的時間才能見到效果，八個星期才能讓你的家人和朋友注意到，十二個星期後大家才會看到改變。換句話說，顯著的結果會花費比你想像中更多時間。雖然上述以健身舉例，但同樣適用於其他個人變化。

我們希望你在創造空白邊界時，能夠確實地把它用在你的目標上，做真正該做的事。你必須優先進行你的冒險，這不是你擠出來做其他事的時間，像是回電子郵件或摺衣服。你的空白邊界是用來執行目標的。

畢竟，在你執行前一切都只是想法，而付諸實踐能為你的目標找到可能性和選擇。你不能只是計畫，你必須執行。計畫和執行之間存在平衡，所以讓我們也探討一下這個話題。

## 逆向操作

為任何事制定計畫真的很讓人興奮。當想法跟描述、時間表和理想藍圖碰撞時，突然似乎就迸出自己的火花。我們沒辦法告訴你我們曾經和多少管理階層坐下來開會，幫助他們為其部門制定願景和策略，然後每個人都看到團隊的潛力並往同個方向邁進，但我們能說隨之而來的熱情和激情可以點亮一座城市。

計畫可以令人振奮，同時也是必要的。每當你嘗試進行任何改變時，即使是在工作中領導一項新計畫，你都需要深思熟慮該如何進行：希望哪些成員參加會議、有哪些可用的資源、該如何應付哪些目前可預見無可避免的挑戰？如果沒有計畫，就很容易回到舊有的習慣並放棄所有想要改變的良好意圖。

當你進行計畫的時候，一個有用的策略是逆向計畫。這代表你需要先考慮要實現的目標，使其具象化，並訂下截止日期：

- 我想在兩年內還清所有卡債。
- 我想在下一季開始開個新帳戶。
- 我想在八個月內離開城市搬到郊區。

- 我想知道十二個月後應該投資哪種加盟企業，以及是否可以支持家人的選擇。
- 我想在六個月後去歐洲騎自行車度假。

然後，與其從現在開始創造時間表到截止日期，不如從完成目標的日期逆向建構時間表，例如，在目標日的前一天的計畫是什麼？兩週前呢？

有趣的是，從沿途的里程碑和目標標識看來，制定順向計畫和逆向計畫沒什麼差別，但不同的是，當你制定逆向計畫後，就更能想像成功和達到的成就，這會轉化成更大的動力和對目標的責任感。研究顯示這樣的轉變也會影響你設定的標準（逆向計畫實際上會激發你取得更多成就）以及得到正面結果的可能性。[2]當你賭一把時，我們希望你能增加成功的機會。如何計畫真的很重要。

所以，無論如何，一定要計畫——但注意不要過度計畫。

## 執行「⅓－⅔」規則

在海軍陸戰隊服役時，我們學到一個很好的經驗法則，就是在計畫時遵循「⅓－⅔」規則：把三分之一的時間花在計畫上，三分之二的用來付諸實行。如果你花太多時間在計畫上，就會浪費掉太多時間。你失去的時間本來可以用在跟其他利益相關者協調、進行演練，以確保大家同步進行，並發現你的實力在哪，以及你可以嘗試哪種目標。當到了要採取行動的時候，你還會冒著失去動力且尚未準備好的風險。

花太多時間在計畫上也代表你想做的事永遠不會實現。商學院有很多學生所制定的商業計畫，這些計畫充斥可能在商業領域改變世界的驚人創舉。但這些創舉都只是計畫，被存在硬碟中，基本上是未曝光就結束了。當然，這些計畫背後有顯示利潤的電子試算表和代表成功的螢光文字支持，但除非去執行，不然沒有任何效果。

如果你發現自己有進入過度計畫模式的傾向，並在採取行動前不斷完善你的計畫，就該警惕你可能在迴避冒險。

首先，這個世上沒有完美的計畫，你試著讓它完美，但它本來就不可能盡善盡美。再來，我們在陸戰隊中還學到計畫是改變的參照點，所以即使你制定了一個令人驚訝的詳細計畫，事情也可能不會如你所願。你會碰到無法預見的摩擦、偶然發生的事情和驚喜……這些都是你沒辦法預料和準備，但不可避免地會出現的。如果你曾經計畫過完美的假期，然後不是伴侶生病，就是一直下雨，你就會明白我們的意思了。

當你制定逆向計畫時，你會發現在你這趟實驗性的旅程中有很多要完成的事。為了幫助你優先處理應該先做的事情，我們將提供解決棘手問題的最佳方法。

## 從高山開始

每當你開始進行一些適合實驗的新事物時，我們會建議從似乎最具挑戰且無法克服的任務開始。這可能也是最耗時間的活動。你挖掘艱難問題的能力將決定很多事，比如這是否是你感興趣的活動，你是否想參與其中，以及是否值得你為之奮鬥。你將學會理解需要多少時間和精力來完成其他毫無經驗的任務。所以，你應該優先考慮最讓你害怕的工作。

例如，假設你被要求去你小孩的學校募款。如果募款是你一直想嘗試的事，在答應或拒絕前，利用你的空白邊界確定自己是否有能力勝任這件事。當然募款最難的部分在於要求捐款和收集資金。花一、兩天的時間打電話給其他固定捐款的人，並評估自己打電話時會不會感到尷尬，以及他們是否願意幫助你。問這些問題比打電話給別人詢問是否該接下這次機會能更好地利用時間。（當然你也可以詢問別人意見，但不是在你把精力放在困難的事之前。）

或者，你想在家鄉開一家小型釀酒廠，在創建食譜、設計商標和尋找啤酒花供應商前，你應該先花時間查看房地產了解可能的租金成本，查看你需要何種執照來完成這個夢想。我們很常注意到的一種傾向，就是有抱負的企業家會在有趣的事上浪費時間，像是企業品牌和網站，而他們很晚才發現自己在該投入能獲得成功的行動時退縮，比如業務發展和管理現金流。的確，電話行銷和處理帳務都不如表達想法有趣，然而這些事對於執行目標是必要的。

解決難題會讓你信心大增，有助於你確定自己能否在此領域取得成功，或是這個機會真的不適合自己。從事棘手的事其實是要讓你選擇自己是要繼續前進，還是要停下來。

## 抓住機會做選擇

歸根究柢，讓機會成為現實不僅僅需要計畫和準備，重點在於行動。當你的行動只包含你和你的計畫時，就可以更好地控制結果並努力。當你的成就取決於老闆、市場或守門人等外部因素時，事情就變得有點棘手了。

我們可以理解對於很多目標，成功並不完全取決於我們。也許會有另一個人做出影響我們進步的決定，比如招聘經理決定給誰工作機會，或是招生委員會決定誰最適合進入某個項目，或者信貸專員決定是否授予你抵押貸款的資格。外部約束往往會導致領導者過分依賴想像力和預測，因為他們會預期他人的拒絕，而不是採取實際行動，以達到現實生活的轉捩點。

讓自己去冒險很大的一部分是要創造實際的機會。當你想要實現的目標很仰賴外部因素時，重點在於繼續全力追逐夢想，直到你真的手握選擇權。

如果你發現自己曾經有下列想法：

- 我想申請該項目，但我不相信自己會被錄取，於是放棄嘗試。
- 我知道自己能為該項目帶來更高的價值，但我不認為老闆會允許我在工作繁忙時出差，所以我不會申請成為該團隊的一員。

• 我很想出國工作，但不可能獲得簽證。

你的行為實際上並沒有讓某件事進入「選擇點」。你甚至在有實際選擇權前就放棄了。我們認為你應該提出申請、詢問你的老闆或去申請簽證。如果你很認真地想做某事，請一路堅持到選擇點，不要因為害怕、不願意，或是被主動詢問、申請過程和可能的風險嚇到而選擇中途放棄。

你永遠可以決定自己不要做某件事，但不要在其成為實際選擇前就放棄。在追尋選擇的過程中會產生豐盛的學習和成長。隨著時間推移，成功來自你嘗試去做的事情，而不是淺嘗輒止。當你透過必要行為將夢想轉為實際機會時，你將獲得寶貴的智慧和遠見。

## 職業生涯中的冒險：寇特妮的故事

### 機會來臨和認真審視

我跟許多專業人士一樣，好多次都不確定我的職業生涯將往哪個方向。當我思索我該選擇哪條路時，陷入了非常迷茫的時期，我自己探索了三種截然不同的選擇。當時我即將從法學院畢業，很想進入一家大型律師事務所工作。（這麼說可能不太正確，我的確對在大型律師事務所工作帶來的高薪很感興趣，但我不確定每年花數千小時，獨自一人在安靜的辦公室裡工作是否適合我。）

九一一事件過後，我也發現自己對國家安全事業有興趣。作為海軍陸戰隊的一員，我對加入中央情報局著名的國家祕密行動處（該部門負責處理間諜活動）的想法感到既有趣又興奮。成為情報局探員，無疑吸引我對挑戰和冒險的熱愛。

我和安琪當時正在寫我們的第一本書，而且考慮成立一家公司追求我們與專業人士分享領導課程的熱忱。

儘管我不確定哪條路最適合我，但我知道努力達到實際的選擇點會是一個競爭過程。夢想著自己想做的事與實際從律師事務所得到工作機會，或通過中央情報局的遴選，或讓出版社同意出版我們的書，並尋找資源成立一家小企業大相逕庭。我知道自己有很多事要做，才能真正了解我的選擇。

在進入律師事務所方面，代表我作為暑期助理必須表現出色；對加入中央情報局來說，這代表要歷經數個月漫長的過程，在國際事務上自學成材，如此我才可以在全球事務上侃侃而談，還要完成包含學術測試、心理測試等的面試過程，以及完整的生活方式測謊檢查；在創業這條路上，代表努力撰寫書籍進行提案期間，我和安琪必須制定很多計畫和寫作會議，並尋找經紀人幫忙推銷我們的書。

當然我忙於盡最大的努力實現我的理想和抱負，雖然這個時期我每天都過得戰戰兢兢，但我的認真為決策過程創造了奇蹟。經歷旅程途中的迷霧後，情況變得明朗起來。我從夢想走向實踐，讓創造選擇和做出選擇兩者間造成很大的差別。透過體驗每一條路，使我大開眼界。

雖然我很喜歡律師事務所的同事，但我很快就發現即使暑期打工薪水跟我想的一樣高，這份工作還是不適合我。我拒絕了該公司讓我轉正職的提議。成功通過情報局的測試令人興奮不已，我很榮幸虛心接受這個工作機會。我的挑戰欲讓我想像服役期間一樣寫下未來的篇章。然而，我不確定那樣的生活方式是我想做一輩子的事，因為我知道，有一天我會想成家，這份工作似乎不利於我對人生那部分的考量。所以我推遲了這個機會，在最後決定前仔細考慮一下。

最終，你可能猜到了，我選擇和安琪一起成立 Lead Star，並撰寫我們多本著作中的第一本書。這條路能讓我賭自己一把。如果我沒有去追逐我的其他夢想，我永遠不會有勇氣和信心朝我真正熱衷的事情邁進。得到律師事務所和情報局的工作機會證實我可能具備合乎市場的技巧，讓我嘗試一直想做但害怕的事。此外，透過暑期實習和漫長的中央情報局面試過程，讓我對這些職業有更多了解，也讓我有機會認識這些領域的人。親身體驗讓我省去許多「早知如此」的麻煩，尤其是在創業的艱難時刻。

如果你找到跟你價值觀一致的目標，追求目標到你可以做出真正選擇或進行不下去了的地步。這不僅可以讓你事後減少遺憾，還可以提供你豐富的體驗，讓你更了解自己，以及你真正想要的生活。

## 環繞體驗

如果你能找到一個選擇點，並以該選擇為中心進行體驗，就可以節省很大的努力與勞力。這裡說的「環繞體驗」，指的是當你處於真正的選擇點時，全心全意地去體驗，以評估是否適合自己：

- 該目標是否符合你的價值觀？
- 值得你付出努力嗎？
- 這是你想利用你的時間和人生做的事嗎？
- 這些人是你想交流的人嗎？
- 這件事能學會讓你人生受益的東西嗎？

有時答案是肯定的，有時則否。但要做到這一點，你必須強烈地將自己從選擇中跳脫出來，這樣你才可以做出合理的決定以繼續前進。我們最好的決定是充滿情感又合乎邏輯的。我們需要情感——帶來成功的動力，並與我們內心的想法相連。我們的情感使我們愛上自己追求的東西，讓我們的努力變得值得。我們也需要邏輯——與我們大腦相連，屬於人類理性的部分。我們需要邏輯為我們追求的東西帶來智慧和常識。另外，雖然制定一條明智的道路需要付出努力，但這很值得，能讓你確定你願意承擔的風險是否正確，而且在正確的時機出現。

## 付諸實踐

- 前往官網 www.leadstar.us/bet-on-you 繼續建立你的個人冒險宣言，計畫該如何展開對你重要的工作。
- 你成功應對風險的一個重要因素是你願意發揮創意並努力實現你的目標和價值觀。
- 認識到時間是不可再生資源，必須有意識加以利用和管理，拒絕會干擾你完成目標的事物。
- 探索風險更為可靠的方式是利用空白邊界來測試、嘗試和實施計畫。
- 了解一天中哪些時段對你最具創造力、最有效率和最敏銳。利用這些黃金時段去冒險。

- 選擇幾個優先事項，半途而廢的努力會產生不好的結果。
- 具有明確目標和時間表的逆向計畫。
- 記住雖然計畫有價值，但行動至關重要。
- 確定你想實現的目標艱難的部分，首先專注於解決難題，這會讓你思緒清晰並有動力。
- 不要有放棄的心態，實行你的夢想到實際的選擇點。這趟旅程會創造確切的機會，讓你對自己的決策有深入的了解。

---

1 「桃莉．波頓（Dolly Parton）解釋她為什麼拒絕讓貓王錄製〈我會永遠愛你〉（I Will Always Love You）這首歌。」二〇一六年二月十二日（二〇二〇年十月六日更新），詳情請見：https://www.wideopencountry.com/the-greatest-country-love-song-of-all-time。

2 瑪麗安娜．斯坦格（Marianne Stenger）：〈逆向計畫如何幫助你實現目標〉（How Reverse Planning Can Help You Reach Your Goals），informED（開放學院創立的部落格），二〇一八年七月十三日。請見：https://www.opencolleges.edu.au/informed/features/reverse-planning-can-help-students-reach-goals。

第三部分

# 保持安全並認識勝利

# 第六章 編織你的安全網

「安全並非偶然。」

——佚名作者

**快速瀏覽**

本章重點在介紹強大安全網的要素，對你的冒險之旅非常寶貴。這些關鍵要素包括：你的經濟能力、你的才能和你的判斷力。

**重點發想**

- 當我們感覺安全時，行為就會變得大膽。
- 建立一個穩固的基礎能讓你在生活中進行更多冒險。
- 這樣一來，無論你冒險的結果如何，你仍會獲得更好的體驗。
- 安全規劃需要平衡，不要低估或誇大你對安全性的需求，確認什麼樣子適合你。

當我們感覺安全時，行為就會變得大膽。我們攀岩時會使用安全吊帶和確保器。我們會去高空彈跳、玩滑翔翼、水肺潛水和跳傘。我們甚至可能（只是假設）去飆車超過每小時十英里。（還真敢啊。）而這只關係到我們的人身安全。

當我們內心感到安全時，我們會直接且巧妙地分享意見。我們會很自在地放鬆警惕並真實地表達自己。當我們感到財務安全時，我們可能會多花一點錢去度假，或甚至花錢購買幾個月前還猶豫不決的熱門商品。

我們在日常生活中很多方面都能體驗到安全；我們知道那種安慰的心情。它會激發冒險的勇氣和信心，因為我們知道就算發生任何事，也會有適當的措施保護我們，所以如果我們跌倒了，我們能支持自己。

我們希望你在冒險的過程中感到安全，承擔你正在考慮的風險，這樣你就可以更大膽地去做自己夢寐以求、更重要的事。我們不希望你魯莽地冒險，若是情況不順利，你的處境會比剛開始還糟。我們希望如果你在冒險時遇到失誤或挫折，你能更有韌性，汲取經驗過得更好。你在生活中獲得的經驗越多，你學到的就越多，也越能了解哪些風險值得承擔，甚至對你來說是必要的，你的成功之路就會變得越順暢。精心編織的安全網能讓你有信心繼續應對重要的風險，而不是害怕全新或不同的機會。

我們將幫助你重新構想你的安全網，也就是在你摔倒時會接住你的元素，讓你不至於掉隊。正如我們提倡透過萬花筒分類法去想像美好的生活，在確定什麼可以為你有意識的冒險帶來穩定性和安全性時，這個分門別類的方法也很有用。想要編織一個穩定的基礎有三個關鍵要素：你的經濟能力、才能和判斷力。

這些要素是相互依賴的，你需要所有要素，而且必須很勤奮地建構：

**經濟能力＋才能－判斷力＝浪費的機會**

**才能＋判斷力－經濟能力＝資源不足的機會**

**經濟能力＋判斷力－才能＝有限的機會**

在你檢視這些要素時，我們想跟你分享每一個要素的新觀念。我們的目標是要讓你認識到自己對這三個要素的需求是在幫助你，還是在扯你後腿。而且，就像我們先前介紹的冒險技能，這些要素是我們人生可以發展的領域，因此隨著我們冒險成長，我們的安全網也會隨之加強。

## 你的經濟能力：預算多少？

我們所寫的並不是關於財務規劃的書。我們會把這個建議留給金錢專家，但如果我們不討論這個話題，就不算盡責，因為冒險可能會對財務產生影響。

你可能需要……

- 借錢
- 花錢
- 省更多錢
- 少賺點錢（或在一段時間內停止賺錢）
- 跟著預算走
- 採取行動增加未來潛在收入

身為企業家，我們必須承認我們對金錢的看法和很多人不同。雖然不是所有企業家都如此，但當你踏入一個想法和努力直接影響收入的領域時，你會傾向將金錢視為一種可再生資源。金錢無疑是可再生資源，只是人們通常不這麼認為。

對於很多正在冒險中的人而言，他們缺少資金。由於他們以這種方式看待金錢，所以錢似乎永遠不夠。人們傾向相信需要很多錢，才能保證安全或做好冒險的準備。或者，你可能會相信你現在擁有的就是一切，如果你做出任何錯誤的決定，就會失去很多錢，再也無法賺回來。

以我們的朋友莉拉舉例來說，當她考慮轉行增加未來潛在收入時，她承認她很容易把自己想像成在芝加哥街頭流浪的毒蟲，而非三年後賺到雙倍工資。

或我們的客戶麥克，他想轉行從事諮商工作，從而在工作上取得更多彈性。當我們追問他是什麼阻礙他追尋目標時，他表示如果試著轉行，他怕自己會在六個月內無家可歸。（順道一提，在先前的談話中，他表示除了他完全準備制的退休金外，他的儲蓄帳戶中還有兩年的生活費。）麥克的破產時間表顯然毫無意義，麥克過度依賴財務安全，導致他誇大了對財務安全的需求，無法在生活中汲取更大的滿足感。

聽見人們把他們正在進行的冒險妖魔化，卻對他們的選擇可能帶來巨大潛力毫無想像並不奇怪，但總是讓人驚訝。

在冒險的時候，資金永遠是一個需要考慮的因素。金錢是我們整體安全感中一個重要的組成部分。我們不能繞過這個問題，生活需要錢，而總有一天，我們也需要儲蓄過退休的生活。如果你目前的處境讓你認為自己無法承擔風險，這就代表你需要擴展你的金錢知識並熟悉個人財務狀況。如果你很快便確定此時的財務狀況似乎不穩定，請找出根本原因並了解為什麼。這將幫助你制定計畫，以支持所需的資源，達到可以賭自己一把的位置。

但是……這裡有一個很大的但書……

對於我們認識的很多領導者來說，擁有足夠資金通常不是問題。我們遇過很多真正的富豪害怕拿自己下賭注。儘管他們的帳戶裡有餘額，但他們一直感到財務脆弱，這會導致他們對投資猶豫不決。這裡的關鍵詞是**投資**。

大多數人將金錢視為消費和供應的工具，他們不把錢視為一種可用來投資快樂、滿足感以及整體生活品質的媒介。我們通常不認為花在自己身上的錢是一種投資，但當涉及冒險時，那些用來發展你的夢想和目標，進而豐富你的人生的費用，肯定是一種投資。

我們想確定：我們在談的不是買名牌包提升你在Instagram的形象，或是購買昂貴的手錶在工作中給老闆留下深刻印象。我們知道要提出這些其實是投資的論點不難。本章重點要探討的是經驗，比如投資學業，讓你可以進入一個全新收入的水準；或透過貸款投資房地產；把錢花在取得飛行員執照上；抑或是休一個月的假去義大利的烹飪學校上課。

你所投資的經驗伴隨著你未來將使用的技能、意識和教訓，為你提供真正的內在價值。這是很典型的短期損失帶來長期收益。

這是一個合理看待我們財務資源的方式。我們希望避免陷阱，我們看過太多人受制於自身擁有的財產，反而任由資源在他們與自己渴望的生活之間築起一道屏障。不要因為太過相信對安全的需求而拒絕讓自己有機會去過更豐富的生活。

我們的一個朋友柯林在一家規模較小的分公司工作，他一直認為這家公司總有一天會被賣掉。等公司被賣掉後，他認為自己可以拿到五萬美元的資遣費，這可不是一筆小數目。然而，問題在於柯林過去幾年一直想搬到鳳凰城，他在等待公司出售（這件事他根本掌控不了）的時候，一直推遲自己的夢想。柯林很難看到留在公司的機會成本（他錯過了在亞利桑那州的生活方式，還有躋身更大組織的晉升機會），以及資遣費在扣稅後，可能不如他期望那麼多。相信我，我們已經跟他談過他可能是在作夢，但柯林就跟我們認識其他有同樣處境的人一樣，在抽身之前想要多一點財務保障。問題是他們總想要更多。

財務方面的挑戰是我們需要錢作為安全網，但有時我們的資源可能無法滿足全部的生活需求。

這個主題的重點研究來自丹尼爾・康納曼和安格斯・迪頓於二〇一〇年發表的關於收入對主觀幸福感影響的研究，主要針對下列兩個因素：

- 情緒健康：日常生活體驗的品質，比如我們的幸福感和滿足感。
- 人生評價：與其他人相比我們把自己放在生活中的順位。

該研究的主要發現是越多的錢確實能帶來滿足感，但年收入超過七萬五千美元後，幸福感就沒有更進一步的增長。[1]

換句話說，對金錢堅持不懈的追求可能會讓我們感覺贏得跟愛炫富鄰居虛假的戰爭，但也可能會降低我們透過值得探索的冒險所尋求的生活品質。

我們的經驗法則是你要知道在財務上需要什麼才能承擔風險：

- 你的年度開支是多少
- 你的每月預算是多少
- 你的銀行裡需要多少存款才能自在地冒險
- 你度過苦日子的資金，也就是吸收任何短期財務意外的預算有多少
- 你的收入目標是什麼

我們只有這麼多年能工作並努力孕育果實，也只有這麼多年能去冒險並意識到我們選擇的好處。這是一種微妙的平衡，不僅僅關於你存了多少錢，還關於讓自己處於財務優勢。為你未來潛在的收入冒險或許跟為了安全儲蓄一樣有價值。確定你需要什麼才能在財務上感到安全——不要低估或誇大預算。找到適合自己的預算。這種意識將幫助你平衡你的財務資源和有條不紊地冒險的渴望。

## 你的才能：加強你的技能與天賦

經濟能力只是編織安全網的其中一個要素，能夠帶來信心，讓你有意識地在生活中冒險。然而，與普遍看法相反的是，你的財務資源並非編織安全網最重要的部分。

安琪經歷了離婚帶來的挫敗，才意識到能為她不安全的世界帶來安全感的東西，其實是她的能力。

### 職業生涯和生活中的冒險：安琪的故事

#### 你的能力由你控制

二〇一九年對我而言是個挑戰。離婚的過程中，我同時承擔了很多不受歡迎的新身分：單親媽媽、失婚婦女。整個過程本身也很有壓力、無法預測和粗暴。我還記得美國西岸新年的鐘響，發誓二〇二〇年一定要振作起來。然而，要說有什麼讓我面對疫情來襲還能淡定如常，就屬我在前一年經歷了法律和情緒的大海嘯，吞噬我生命中的每一刻，無論我是否清醒。

事實上，平心而論，若說離婚有什麼好處，那就是我和我的前夫盡可能和平分手。我把離婚所進行的法律程序比作騎飛輪車，我盡可能地以律師和法院系統的速度推進，我知道這種情況並不常見。

但是，在情感的部分卻截然不同且十分激烈。處理悲傷的過程中也並非只有我一個人，但我更喜歡獨自療傷。我住在一個小鎮上，所以不可避免地會在商店碰到朋友或熟人問：「妳還好嗎……？」我很感謝他們的關心，但我似乎無法從所經歷的困境中解脫出來。

我發現諮商室是唯一能喘息的地方，在那裡我意識到自己離婚後的身分，以及自己想過怎樣的生活，因為家裡的大小事現在都由我一個人決定。

後者也確實使我陷入困境。近二十年來，我身邊一直有個伴侶、合作對象、可以和我一起展望未來的人；現在只剩我一個人，而我是唯一要為未來的經濟狀況做出貢獻的人，這讓我感到非常脆弱。

在我成立 Lead Star 的過程中，我一直依靠前夫的軍人撫卹金支撐我的家庭安全。對我來說，這是讓我冒險成立公司所依賴的關鍵，讓我有信心即使失敗了，我們的經濟狀況也不會變差。現在，在這個人生的新階段，我和兒子們的經濟保障都靠我一個人。如果我失敗了，我們都會陷入麻煩。離婚使我的積蓄剩不到一半，還必須爭取我和前夫在結婚時蓋的那棟房子，我和孩子們都很喜歡那棟房子，仍想把它當作我們的家。

我記得好幾次在深夜和自己對話，在梳理經濟壓力時，質疑我對創業的追求。我在想是否該找一份穩定的薪水，去福利完整的大公司上班，因為我已經沒有健康保險，這樣我才能過上更平穩、有保障、可預測的生活。我思考這個問題好幾天，試著站在不同的角度看事情——我的雇主、員工以及非營利組織——試看看感覺如何。然而，儘管我嘗試了各種情況，似乎沒有合適的。我想從事我一直想做的事，我成立的 Lead Star 公司才是我最喜歡的事。

我記得我去樹林裡散步，跟大自然親密交流。我才恍然大悟，除了成立 Lead Star 的最初幾年，公司的業務一直相當穩定。大多數年份業績都是成長的，那為什麼追求我目前的職業道路會讓人感到更恐懼呢？我不需要前夫的收入保障安全（儘管確實有幫助且很重要）。而且，雖然我失去了一半的金融資產，但我仍然有百分百的技能。如果我的工作是利用我的技能取得更大成就的工具，我又為什麼要換工作？

這件事讓我明白我不需要改變專業。按理說，我要依靠在這個領域發展出的才能，並加倍努力。那些才能將幫助我在比先前更強大的領域重新站穩腳步，也是我賭自己一把所需要的才能。在整個離婚過程中，我花太多時間專注在自己失去的東西，無論是夫妻間的關係還是金錢。可悲的是，我們之間的關係破裂，再也回不去了。但我為了爭取我們的資產失去的錢完全是可以再生的。我保留了所有賺錢的技能和天賦，那才是我真正的安全網。

## 才能是你的安全網

我們作為教練，看到很多專業人士比起他們的能力和技術，更信任雇主、公司、政府或其他人承受風險的能力。他們相信自己花在某個職位上的時間能保障他們的安全，或是他們與管理層的關係，如果他們低聲下氣，照他們的吩咐去做，就會得到他們需要的安全感。

我們很容易相信工作是安全網的一部分。但實際上，是你的表現和達到並超過標準的能力讓你勝任這份工作。你的才能、努力和在不可避免的挫折後提升的能力是組成安全網的主要因素。你的才能是你創造機會的工具。

我們見過很多專業人士在工作方面表現良好，但在技能和相關性方面沒有成長。安琪的爸爸傑瑞是一名教育家，他在擔任高中校長期間經常注意到兩種類型的老師：

- 有二十年教學經驗的人。
- 有一年教學經驗，換過二十次職場的人。

我們可以在這些不同的經驗中發現細微的差別，以及我們希望別人怎麼描述我們工作上的表現。當然，挑戰就在於如何在當今不斷進化的專業環境中有出色的表現，尤其是在科技快速發展和完成工作的規範不斷變化的環境。以我們來說，必須把握這一點才能跟上步伐。如此一來，我們就會在具前瞻性，而且將會帶來真正價值的相關背景下，提倡在工作中冒險。

很多人認為職業發展是雇主的責任，我們不這麼認為。職業發展是你的責任，你不能等待雇主向你介紹新興技術、新的合作和聯繫方式，或最好的商業做法。如果他們這麼做，那很好，是你賺到了！你必須成為開發自己能力的人，因為這對你的市場性至關重要——不要把這個責任託付給任何人。同樣的心態也適用於企業家、顧問、企業主和其他從事非傳產工作的人。可靠是你的資產。

透過了解即將發生的事、當前的價值和正在增長的價值來驗證你貢獻的能力。這通常不僅僅是擴展技能或新技術，可能是新的心態或優先事項，可能是你的競爭對手在做但你的公司沒有的事。可靠的領導者會確保他們不僅有手腕，其才能也與未來息息相關。

這在當今環境中尤其重要，因為我們永遠不知道自己有多脆弱，所以才需要培養才能以備不時之需。

## 你的判斷力：建立相信自己的能力

你的安全網最後一部分是你的判斷力，我們將其定義為你權衡事實或可能的行動過程以做出正確決定的能力。培養合理的判斷力是作為海軍陸戰隊訓練的關鍵，因為我們的很多選擇會對自己及他人產生重大影響。陸戰隊知道我們在前方的任務中會面臨到很多不確定性，雖然他們無法為我們碰到的環境提供解答，但他們可以幫助我們改善辨別的能力，以分辨在我們經歷的事情中哪些是重要的，以及該如何利用得到的資訊做出更好的選擇以解決問題、走出過渡期或得到更好的結果。

這個能力很有價值，因為所有陸戰隊員都了解一件事——我們還年輕。我們在生活中的經歷相對較少。具有良好判斷力的人不是非常有經驗，就是從他人的經驗中學習（或兩者都有）。進入陸戰隊加快了我們在這兩個領域的訓練，這也是為什麼軍隊文化如此重視講故事、閱讀和事後反思的原因。他們希望我們的判斷盡可能快，因此抓住一切機會確保我們在學習。

本著同樣的精神，不管我們身在何處，我們的經驗都僅限於自己接觸過的東西；我們從生活學習到，我們所能做到的事情就是不斷吸收間接經驗。透過了解他人的想法、選擇、成功或失誤的原因，敞開心扉向他人學習，獲得一種獨特的能力以辨別新的事實、機會和觀點，從而在賭自己一把時，做出更好的決策。

## 生活中的冒險：寇特妮的故事

### 間接經驗的全新觀點

我在四十出頭時有了很多反思。我知道我不再年輕，但就像安琪說的，我也還不老。

這段時間我進行了兩次不同的談話，讓我留下了很深的印象，從那時便塑造我的觀點和判斷。一次是在一棟摩天大樓最上層的辦公室裡，另一次則是我坐在海灘上的時候。

先談談在辦公室的經歷吧。當時，我一整天都在跟一家資產五百大的公司年約六十出頭的執行長工作。跟他接觸是很好的間接經驗，因為他很坦誠，且具體描述他的打算，思考他很多必要的選擇，帶領公司走向未來。

當時我們在討論他同事的領導風格，他特別提到公司裡的一位女同事，認為她需要轉變一下風格。他很敬佩她的才能，稱讚她對公司的貢獻，然後表示她離開公司對她有很多好處。我感到很驚訝，因為他給予她諸多讚美，他解釋說她很有才能，在她面前「有那麼多條路可走」（那名女性與我同年），她得去一個能帶給她成長的地方，迎接新的挑戰。他承認他們在很多意見上有分歧，但他很尊敬她，希望她可以去到一個讓她蓬勃發展的地方。

那名女性的事蹟我也有所耳聞，他所言不假。我從未以他的角度看待分析她的任期，但他思考的過程讓我看到如何運用精神意象——一條跑道來看待未來機會。兩個禮拜後，我聽說那名執行長提到的女同事已經離職。如果我沒跟他聊過那件事，我不會因為設想她進入一個可以充分發揮才能的職位而為她感到興奮。

再來談談海灘的談話，就發生在幾個禮拜後。那次令人難忘的談話對象是我爸，當時他七十多歲。當太陽下山時，我們看著我年幼的弟弟妹妹和我的孩子們在沙灘上玩耍，我再次感嘆自己老了，我爸卻告訴我我有多年輕。我們一起回憶我爸爸在他四十歲出頭時的事。稍微計算一下，我們認為在一九八〇年時，他是四十二歲。據我所知，那時他的人生才剛開始。他四十二歲的生日後過了三個月，便跟我最偉大的繼母結了婚。四十二歲那年，他五個孩子才出生兩個，才開始讓他十年後退休的工作第十一年。當時的我爸跟我現在的年紀差不多，而他前頭的路還很長。

這兩次談話對我很有啟發。不僅因為我學到看待事情的全新角度，更讓我廣泛地了解我今天的選擇能帶我進入成長、發展和機會的新時代，以及我實際上需要多少時間體驗回報。

雖然我們永遠不知道前方的日子還有多長，但身為一個領導者，設想我們的跑道有多寬是很重要的。無論我們還有五年還是二十五年退休，知道我們還有發明、承諾或重新做決定的時間令人欣慰。我們沒有被時間困住，我們有能力運用我們的判斷力，以細微或重大的方式改變我們的生活。只有我們自己可以選擇被時間困住。

透過持續發展你對生活中所處位置的看法，藉由想像接下來會發生什麼、剩下什麼或你心目中的目標來賭一把的能力就會成長。當你透過他人的視角和經驗看世界時，你辨別適合與否的能力會隨著你了解並學到的教訓提升。擁抱現在也包括理解長壽，尊重我們都還活著這件事。成功和安全感可能會轉瞬即逝，但隨著你越來越懂得賭自己一把，兩者將能靠你的才能和判斷力重新創造。

## 加強你的判斷力

作為一名領導者，為了不斷進步，建立能讓你做出最佳選擇的觀點和智慧，我們鼓勵你透過以下方式持續發展你的判斷力：

- 持續擴大你的知識庫，明智地選擇從好奇心和學習中獲得的智慧。
- 對主動和間接經驗持開放態度。有意識地詢問人們的角色、責任和最大的教訓；人都喜歡幫助別人，有時候你只需要開口詢問。
- 反思你的經歷，從中挖出人生教訓。

- 尋求外部看法以幫助了解自己的觀點；如果你覺得自己面臨艱難的抉擇，請尋找你的指導者，他們會為你提供幫助。不要在心靈空虛時做任何艱難的決定。
- 持續與你的價值觀連結；缺乏價值觀的判斷會導致不好（有時候不道德）的結果。當你的價值觀入主生活後，它們將成為自我實現的預言。

換句話說，我們應該處於永久學習模式。這非常重要，因為你永遠不知道在你的賭注之旅中何時需要使用判斷力，而到時候，你會希望盡可能做好運用判斷力的準備。將對挑戰的預期和準備好好地結合起來，可以加強安全網的此要素。

隨著時間推移，當情勢要求我們加大努力、改變、調整、維持、停止或開始任何新事物時，我們的判斷力能使我們做出更好且通常更具創造性的決策。你懂的，通常就是當你看著自己說：「**我該做什麼？**」的時候。

同樣重要的是，我們在那些時候不會只有一種行動方案，我們有能力想出很多種行動方案，在這種情況下去推動我們的思維和創意。我們知道有很多人在感到壓力、挑戰或困難的時候，思維模式會變得僵化，人們傾向認為只有A或B兩個方案可以選擇。我們很容易忽略字母表中不只這兩個字母可代表解決問題的不同方案，以及透過時間和思考，我們可以從中挖掘出其他可能性和實現機率。

說到可能性，我們指的是可以實現的決策。至於實現機率，則是實際可能發生的事。你需要這兩者來贏得冒險。

當你處於挑戰的迷霧中，評估可能性和實現機率有助於你辨別所面臨的最佳選擇。如果你擁有足夠的經濟保障、堅定地相信自己不斷增長的才能，以及知道自己判斷正確（即使你永遠無法正確預測未來）來面對挑戰時，就會為未來做好準備。那包括我們需要從所有領導者都會經歷的挫折、失望、失策和錯誤中恢復的時間。

## 付諸實踐

- 前往官網 www.leadstar.us/bet-on-you 繼續建立你的個人冒險宣言，寫下你需要什麼來編織一個強大的安全網。
- 確認你的安全網中需要關注的優勢和領域（經濟能力、才能和判斷力），你就可以更好地應對風險。
- 資金是冒險的常見阻礙。確認你需要什麼才能在財務上感覺安全；不要低估或誇大預算。
- 意識到你的才能是讓你在工作上獲得安全感的要素（不是企業）。請不斷提升自己，與時俱進。
- 只有當你對學習保持開放態度時，你的判斷力才能隨著時間增長；保持好奇心、從他人的經驗中學習，尤其是經驗背後的方式及原因。
- 利用你的判斷力，透過推動思維找到可以採取的行動方案，使你的目標和夢想成真，不要只賭可能性。

1 丹尼爾．康納曼（Daniel Kahneman）和安格斯．迪頓（Angus Deaton）：〈高收入提高對生活的評價，卻忽略情緒健康〉，（High income improves evaluation of life but not emotional well-being），《美國國家科學院院刊》*(National Academy of Sciences)* 107(38)，二〇一〇年九月，16489–16493。詳情請見：https://www.pnas.org/content/107/38/16489。

# 第七章 意識到何時勝利

「我們太忙著注意眼前的道路，以至於忘了享受當下的時光。」

——比爾．華特森[1]

**快速瀏覽**

貪得無厭地追求「更多」會讓你無法重視旅程的重要性。本章將幫助你專注於如何透過徹底實現你所謂的「贏了」，來獲得生活中的「勝利」。

**重點發想**

- 獲勝與小飾品或獎盃無關。這是一種情感，可以透過正確的專注力和意圖從內心培養。
- 不要向外尋求他人告訴你成功的感覺。
- 你可以決定自己的路以及如何體驗成功。
- 簡單有簡單的樂趣，精心設計的生活在微小的時刻也能有勝利的感覺。

還記得企業界曾流行勵志海報的時候嗎？例如，一個團隊同步划船、一滴水激起漣漪，以及一隻堅忍的老鷹凝視著地平線的畫面。這些畫面都有著全黑的背景，印上白色的粗體字像是**太棒了**、**團結**或**承諾**之類的關鍵字。當然，這些影像後來都成為很多網路梗圖的靈感。但回顧過去，這些圖有重大意義。

這些海報提醒了我們每一天都能取得巔峰成就，讓我們有勝利的感覺，就像比賽獲勝一樣。在這些畫面中，勝利的概念也體現在史詩般的時刻：競賽結束時的獎牌和山峰。

這些海報曾經——現在依然——反映著我們的社會。我們生存在一個成就導向的世界，在這種情況下，勝利被認為轉瞬即逝，只有在我們與世俗時刻對抗時才能實現。

問題在於勝利的社會定義往往過度注重榮譽，而非幸福、快樂、滿足和其他能夠改善生活且每天都有可能實現的特質。

我們擔心如果你在冒險的旅程中吸取錯誤的勝利定義，你就會與每天勝利的時刻擦身而過，沒辦法體驗已經獲得的成就，以及與你的身分、所擁有的一切和要去的地方帶來的自豪感。你需要更廣泛地去定義勝利，它會激發你的信心，讓你體驗到成就感——這是我們在冒險旅程中所尋求的一種捉摸不定的特質，有時候難以發現。

本章的重點將放在如何以非常個人且有意義的方式實現勝利，讓我們先幫助你從新的角度看見勝利。

## 勝利：從真實的觀點出發

一個簡單的問題：你上一次感覺獲勝是什麼時候？

如果你跟大多數人一樣，這會是個難以回答的問題。你可能需要回顧過去，回想得來不易的成就，通常伴隨著紙質證書或金屬製品，像是獎狀或牌匾。這麼說也算公平，你的勝利被別人定義成對你的認可，而不是具有意義的內在感受。

反過來問，你上一次感覺並未獲勝是什麼時候？

我們認為這個問題更容易回答，並且可能包括以下時間：

- 一段關係處於被忽視的狀態。

- 你推遲滿足感的時間太久。
- 你在工作中沒有感到被重視。
- 你讓生活中的某個人失望了。
- 你在人潮擁擠的地方瀕臨崩潰。
- 你沒有達到自己設定的高標準。
- 你因疲倦而感到麻木。

若是你讀到上述舉例，對每一條都點頭如搗蒜，並在心裡暗自打勾，心想：「對呀，我就是這樣。」你可能覺得自己的人生就是一場失敗的遊戲。我們想爭辯說：這不是真的。相反地，我們認為上述例子強調對永無止境追求的代價，而不是以一個不同也較不複雜的方式接近勝利。畢竟，如果追求成功的代價包括上述任何一項，為什麼有人願意繼續付出這種代價呢？

我們希望你了解無論你的成就是大是小，獲勝都是一種讓你對成就感到自豪的情緒。勝利比我們認為的狹義解釋更容易獲得。我們不是說每個人在生活中所做的任何事都該得到獎勵，只是生活能以為我們帶來持續的快樂和滿足的方式輕鬆取得勝利。

將勝利想像成一系列機會，你就能自由思考生活中許多可能獲得勝利的狀況。在這種新視角下，獲勝的樣子可能是：

- 跟你的伴侶調整繁忙的日程，讓兩人在一個禮拜中有時間共進午餐。
- 逃離都市，一家人去鄉下騎腳踏車。
- 幫助客戶找到公司產品的新用途或某項挑戰的新解決方案。
- 參加財務規劃課程並發現實現目標的新方式。
- 在工作中組織社區服務項目，讓你和你的團隊為他人做出貢獻。
- 學習如何烤麵包或煮一道家人喜歡的菜。

從上述例子中，你會發現這些答案有多因人而異。每個人對勝利的感受不同，這很重要，勝利永遠不應該由他人定義，它必須由你自己定義。如此一來，你就可以有意識地去體驗，而當你照做時，你就可以接受隨之而來的大量正面情緒。

制定自己對獲勝的定義，也有助於確保你不會尋求來自外部關於你的生活評價。我們都認識這樣的人。他們用非常虛假的方式衡量獲得成功的人，站在外部以自己的角度看待他人的行為與擁有的珍貴事物。這些類型的標準既不健康也沒有用，會導致極大的不安全感，並將我們推入一種類似困在跑步機上的境地，會做出更無止境的追求：更多錢、更多成就、更多讓人從生活中分心的事物，並且認為獲得「更多」才會更快樂。

我們聽過很多悲慘的「成功」人士故事，他們擁有很多東西，但對獲勝的理解不夠廣泛，無法意識到自己此刻需要的不是「更多」東西，而是體認到自己已經擁有夠多了。

## 職業生涯和生活中的冒險：約翰．奧茲的故事

### 少即是多

當我們想到音樂界的傳奇人物戴瑞．霍爾和約翰．奧茲時，腦海會浮現兩個念頭：他們的音樂很棒且永垂不朽；無論他們為了保持巔峰地位做了什麼，都沒有白費。

關於後者——在外人看來，上述說的肯定沒錯。這對搭檔總共有三十四首熱門歌曲，其中六首在《告示牌》單曲榜取得第一。他們入選了搖滾名人堂。最重要的是，他們已經一起巡演了五十多年。這些成就中的任何一項都很令人敬佩，但全部達成？那就太驚人了。

然而，當約翰．奧茲談論他的成名歷程，聽起來卻不像勝利進行曲。儘管事實上他累積的財富可以買到所有東西：房子、跑車、里爾噴射機、迷人的生活方式（模特兒妻子與傳奇夜店54俱樂部的夜生活）。他分享隨

著一步步實現事業的成就，他注意到自己的個人生活品質在下降，導致人際關係受到影響。他已經忘了自己是誰以及真正重要的是什麼。

在唱片量削減、錄製熱門歌曲和巡迴演出快二十年後，他清算的日子來了。他表示他的會計師直白地對他說他破產了，而且是徹底地破產。這是他生活改變的轉折點。[2]

他先是賣掉所有資產，除了位於科羅拉多州亞斯本的一座公寓。他遠離了音樂界，將這種行為稱為靈魂淨化。[3]他剃掉鬍子，徹底改變他標誌性的容貌，開始遠離塵囂的生活：騎腳踏車、滑雪、健行。他再婚並組建家庭，然後錄製對他來說重要的音樂。

這種戲劇性的變化是他對自己的賭注；這個決定迫使他走出聚光燈，進入未知的領域，重新發現他所珍視、對他很重要且可持續下去的東西。最終，他回去跟戴瑞・霍爾一起巡演。他也出了個人專輯，跟鄉村和藍調歌手一起合作——與他商業音樂成就無關的專輯，而是他一直嚮往的音樂類型。約翰想了一下，接著說：「他們必須付我錢讓我離開家、去飯店住一晚，然後搭飛機，這就是我的報酬，我實際上是去免費玩樂。」[4]

約翰．奧茲並非史上第一個創作出令人難以置信的作品並達到巔峰成就的藝術家（或該領域的專業人士），卻在過程中發現自己忽略了生活中足以創造幸福和滿足的小事。

對我們所有人來說，好消息是要回到「好」的狀態並不會讓我們迅速跌至谷底，因此我們可以重新開始：意識到我們需要一種更好、更廣泛的勝利，而微小的變化就可能將它帶回我們的生活中。

## 我們需要屬於自己的勝利

在第三章中，你夢想完成一些偉大的目標。這些很重要，你對希望和更大成就的追求很重要，非常鼓舞人心。我們希望你注意「追求」這個詞。在你冒險的旅途中，讓你感到滿足的並非成就，而是整個過程。讓我們發現自己在生活中已取得勝利的小方法豐富了我們的日常生活，也可能改變我們的生活。

認知神經科學家伊安．羅伯森對獲勝的影響做了研究，並解釋成功比基因和藥物更能塑造我們。事實上，他的研究表明，當我們感覺勝利的時候，我們的大腦會從化學物質睪固酮和多巴胺中得到極大的提升，幫助我們創造思考和想像這個世界的全新方式。他聲稱成功是人類所知最能讓大腦變化的方式。當你改變你的大腦時，一切都會改變。還記得想法影響信念，信念影響行為的概念嗎？勝利有能力幫助你改變想法，將自己視為你人生的英雄，而不是受害者或無辜的旁觀者。我們都想成為的真正的英雄。

成為英雄不是誇大其詞。就像一本好小說一樣，成為英雄意味著成為主角——你才是能推動故事線走向更好的結果，並且從一路上的小勝利得到鼓勵的人。我們希望你開始把勝利想成一種持久的概念，不要追逐轉瞬即逝的時刻。

## 職業生涯的冒險：安琪的故事

### 成功不應該是件苦差事

我和寇特妮剛準備成立公司時有著很大的抱負。有些是可以列舉的：收入目標、獲得的客戶、書籍銷量。其他更多的是經歷。我們過著噴射機式的生活，我們會匆匆穿過機場，坐車去五星級飯店，一身名牌打扮，在知名餐廳享用美味佳餚，接著在精緻的辦公室開會。

在幾年之內，我們得到夢寐以求的成就。我們的客戶要我們飛往世界各地，與他們的組織進行諮詢，支持他們培養各階級的領導者。我們的主題演講聽眾越來越多，第一本書《領頭羊》持續有不錯的銷量。我們肯定走對了路，但重點在於步調。我們的行動很快，花很多時間展望未來，想像接下來會面臨什麼挑戰，而不是細細品味當下。這阻止了我們藉由實現勝利得到當下的快樂，比如我們努力工作爭取或是生活中渴望的簡單事物：安靜地待在家、專注地看孩子們運動、不被科技產品分心，或甚至按時發送節日賀卡。

很快我們的抱負開始感覺不像是冒險，更像是在做一件苦差事。（需要把工作的衣服送去乾洗；出外旅行後，只有一件事要完成，我稱其為「生活管理」，而我討厭生活管理和隨之而來的瑣事與待辦事項。）雖然看起來像是通往成功的階梯，我們卻是在原地跑步……在一個斜坡上。不如我們希望的那樣向上爬。

還好我和寇特妮早早就發現事情不對勁。這就是有工作搭檔的好處。我們聊天的話題在生活和工作中交替，很快便注意到類似的傾向和模式，像是「我們看起來贏了，但感覺很糟，我們不再感覺開心，我們需要做出改變。」

我們一起面對挑戰，促使彼此思考我們希望的成功是什麼感覺。不是我們希望的樣子，像是目標，而是更抽象一點。

明白這一點後，我們開始專注為我們的工作找回簡單的樂趣。我說找回，但其實是強迫自己回到最初。改變習慣很難，尤其是要放慢速度的習慣。我們在出差工作時，會安排時間去參觀當地博物館，或到飯店附近的公園走走，甚至只是點外賣並待在飯店——讓先前一直與陌生人接觸的生活恢復平靜。我們開始在工作和家庭之間建立更穩固的界線，並尊重兩者的界線。我們共同討論如何在旋風般的出差回家後，能更加遠離電器產品。我們開始拒絕接踵而至的計畫，這些計畫讓我們幾乎沒有足夠時間洗衣服並重新打包行李。

我們了解到夢想和目標是有價值的，可以讓你踏上激勵人心的道路。但當你抵達目的地時，想像你希望成功有什麼感覺也同樣重要。是筋疲力盡還是充滿活力？我們都想要後者。夢想和目標會改變，勝利和精神卻不必改變。為了保持生活中的勝利，有個簡單的方法：有意識地面對自己的情緒和生活方向。

## 想像成功會帶給你什麼感覺

我們需要認識到勝利的本質：一場內心的遊戲。最好從思考勝利對你代表的意義做起，無論大小都可以，然後思考你希望成功帶給你什麼感覺。正如安琪分享的故事，這個感覺會隨著時間而改變。

你在冒險的時候，我們希望那些旅程能帶你去往一個美好的境地，且一路上也能享受美好。

你需要一點經驗才能知道自己希望成功帶給你什麼感覺，知道自己不喜歡什麼能讓你知道自己在做什麼。當你考慮你所處的位置時，同時需要反思和意識。

我們希望你看看下方的表格。當你閱讀每組單詞時，想想看你現在花更多時間處於哪一邊。

左邊那欄顯然代表目標——當我們經歷這些特質時，會感到快樂和滿足。這就是勝利的樣子！然而，老實說吧，要抵達那種境地需要精力、專注和責任感。人類並非天生就懂得感激；比起接受，更容易感到怨恨；有些人疲於忙碌，比起敬畏，更常感到

| | |
|---|---|
| 感激 | 忌妒 |
| 愛 | 冷漠 |
| 平靜 | 混亂 |
| 敬畏 | 麻木 |
| 希望 | 認命 |
| 驕傲 | 不安 |
| 好奇 | 正直 |
| 滿足 | 不滿 |
| 娛樂 | 苦澀 |
| 靈感 | 打擊 |
| 接受 | 怨恨 |
| 同理 | 批評 |

麻木。

如果你發現自己花很多時間在右邊那欄的詞彙，那麼或許是時候檢視一下自己的生活了。如果你想不起來過去兩週做了什麼，因為你忙於工作、計畫、挑戰並感到疲憊，請注意：你不會覺得自己勝利。（廢話，對吧？）

如果你過去兩週的生活不符合你對成功的定義，就多考慮要刪掉什麼，而不是增加，好讓你有空間意識到自己已經勝利了。步調越慢越好。當你用很快的速度生活時，就不可能享受簡單的樂趣。找到一個可以保持的步調，讓你更能意識到自己已經勝利了。

左邊的特質需要在情感上做很多努力才能達到。當你達到後，也需要更多努力才能保持勝利的感覺。以下是贏得勝利的原則中非常重要的部分，包括：

- 維持良好睡眠。給予身體充分休息，更能感到快樂。
- 注意大自然。外面有很多驚奇的事物，找時間抬起頭，找扇窗戶，看看外面的東西。如果可以的話，就去散個步。這些沉澱心靈的練習能讓我們短暫恢復活力。

- 保持全神貫注。你的思想和身體多久會出現完全不同調的情況？當你需要專注時，要努力消除讓你分心的事物（像是手機）。
- 注意飲食。邊走邊吃往往會造成我們對勝利麻木。此外，外帶食物會讓我們的選擇變少。如果你沒有時間品嘗美食，那麼你有時間感受營養帶來的積極情緒的可能性就會降低。
- 消除內疚感。內疚感是快樂的致命弱點。在你感到內疚的那一刻，把握時間去理解與思考原因，然後去克服。過度的內疚感會影響你獲勝的機會。察覺這個警告信號並進行改變，這通常代表要放棄對自己不切實際的標準。
- 深度連結。盡可能花時間跟人交流，就像專注在工作上一樣。如果你願意常常與人交流，平凡的日子也會變得與眾不同。

- 不要「忙」於不必要的事。如果你晚上有空閒，或星期六沒有計畫，不要為了保持忙碌安排一些事。靜下心來就好，這些時刻往往會感覺到勝利。

如果你發現這些策略能增加價值，卻仍無法奏效，還有另一個選擇：考慮「冒險休息」。

## 冒險休息：你有時需要的休息時間

號外：你不是機器人。就像運動員在休賽期計畫增強自己最佳表現一樣，不要浪費你的休賽期。透過了解高峰期帶來的強度，有意識地制定計畫，並且明白自己需要休息時間。比方說，如果你去上三年制的夜校，完成學位，與此同時照顧你的家庭，並維持優良的成績，當你畢業要為人生下一階段準備時，計畫一段責任或成就較少的時間。暫停追求目標，讓自己放鬆與恢復，並藉由靜下心來恢復活力。穩定的步調是持續且享受勝利的重點。

同樣的，每當一個朋友或同事表示他們接受了另一家公司的新職位時，我們的第一個問題就是：「你在轉職期打算休息多久？」如果他們的答案少於兩個禮拜，我們會嚴肅地警告他們給自己空間和休息是重新開始新工作的關鍵。少於兩個禮拜往往不夠做好準備。更何況，人生中什麼時候有過一個月的休息時間？如果你能休息，就休息吧。

我們在本書一直談論目標、夢想、希望和踏入不確定性，但我們沒有說你要成為一個追求目標上癮而無法享受生活的人。我們需要休息才能發揮最大實力。想想看：如果你不休假，每年浪費你的假期，那麼你對自己、你的團隊、家人和雇主都會造成極大的傷害。相信我們——花時間調整自己，對每個人都好，尤其是對你自己。

雖然你可能會一年放一次長假，但平常也要允許自己偶爾休息一下，來一趟單天來回的旅行，或是出門慶祝節日。要分散時間，不要只為了人生的馬拉松做計畫，不然你就是讓自己處在感到倦怠、沮喪和痛苦的風險中。還有，永遠不要毫不間斷地持續做一件事。人們把毫不懈怠地追求歌頌得太過美好，這會阻礙你在日常生活中找到快樂的能力。持久的成功需要有意識地休息。

## 在簡單中發現快樂

想成功賭一把往往需要耐心、堅持和致力於發現穩定的步調，讓你將冒險帶入日常生活，並在細微的體驗中感受到快樂。

穩定聽起來一點也不興奮，對不對？**簡單**這個詞聽起來可能也很無聊，但事實未必如此。

想要過幸福的生活實際上與你攀登多少巔峰無關，更在於你有多享受爬山的過程、在基地營的體驗，以及如何應對下坡和高地。當然，登上巔峰很令人興奮，但那只是短暫的特殊狀態，而非日常狀態。更深層的滿足來自於旅途過程中也要享受沿途的風景。能夠享受日常生活的節奏，是比知道如何慶祝偉大成就更有價值的技能。

## 體驗你的成功

當你確實抵達山頂時，確保你抬起頭來留在原地欣賞美景。這是個人的過程，能夠激發我們的信心。花時間思考是什麼驅使你爬到山頂，了解導致你成功的因素，其中又有哪些因素可以且應該保留下來；你也可以從碰到的阻礙中汲取教訓，希望未來不要重蹈覆徹：

- 我做了（或沒有做）什麼導致這場勝利？
- 怎樣的才能或實力才可能帶來獲勝？

- 我該怎麼利用學來的知識獲得成功？
- 為了獲得勝利，我克服了什麼？（寫下你所克服的事情是提醒你獲得什麼能力的重點。）
- 我學到了哪些可以運用的經驗？

記住，意識到自己勝利的時刻代表你不是在追求完美達標，而是追求在明顯感到快樂與滿足的狀況下看見自己的進步、動力與成就。

## 產生影響的冒險：寇特妮的故事

### 從新視角改變看法

Lead Star 成立早期的日子可以用吉米．巴菲特（Jimmy Buffett）的經典歌曲〈緯度的變化，態度的變化〉（Changes in Latitudes, Changes in

Attitudes）的歌詞總結：「在機場看著出境的標示讓我想起去過的地方。」就像安琪分享過的，我們成立 Lead Star 後，生活一直不斷地變化，以至於我常常沒意識到我們正在前進或是有獲勝的感覺。

一次在機場的經歷使對這種意識的缺乏變得清晰，事情發生在我們其中一個大客戶公司還在草創期的時候。這家科技公司專注於讓世界更加開放和連結。為了達成目標，他們知道公司的團隊需要培養各級的領導者，並意識到在他們開拓新領域的過程中，該如何取得共同的勝利，創造一個迅速被群眾接受的平台。該公司就是 Facebook。不是今日眾所皆知的 Facebook，而是由一百五十幾名鬥志旺盛的員工組成的團隊，很少受到矚目。

當時我在拉瓜地亞機場，一如既往地癱坐在候機室有金屬骨架的黑色皮革沙發上。當我艱難地側身坐在座位上時，試圖讓自己坐得舒服一點，雙腳跨過一側扶手，另一側扶手則抵著我的背。我正在跟我最喜歡的傑克叔叔講電話，他是一個很好的指導者，始終支持著我。我鉅細靡遺地跟他報告我在紐約市的行程。我和安琪花了好幾天跟 Facebook 位於紐約的團隊一起工作，包括幾名現任 Google 非常成功的領導者，那是在他們跳槽前的事。

我們不久前才目睹的財務狀況讓人很震驚。我們為初階經理辦的某一場研討會是在某個高階主管的家裡。她家是位於蘇豪區的一棟豪華的兩層頂樓公寓，有自己的電梯出入口和好幾個可欣賞美麗城市的景觀陽台。雖然那棟公寓很漂亮，但我並沒有跟叔叔詳細描述。我跟他分享我很尊重這些主管在整個會議上展露的謙遜和服務意識。他們對學習的態度很開放，非常願意參與，認真地為團隊裡的初階主管安排一些細節。他們大多人都很年輕，經濟拮据，為了長期推動公司前進而筋疲力盡。

我和叔叔談笑風生，表示我本來以為階級更高的主管不會像那天我有幸共事的人一樣，關心他人、很盡責、富有同情心。

在訓誡我關於刻板印象的意見後（謝啦，傑克叔叔），我們的談話變得嚴肅許多，因為我告訴他我的不安全感。主要是透過我對著叔叔說出想問自己的問題。「我真的會有很大的成就嗎？我有足夠的能力嗎？」我接著表示，「那些人已經獲得這麼高的成就，他們真的很努力試著讓世界變好。不知道我是不是能像那樣回饋社會。」在我等著叔叔回應時，電話沉默了一會兒。

一陣沉默後，傳來了一連串問題。「這個嘛，寇特妮，Facebook團隊是請誰為他們的員工提供領導建議？他們可以請任何人來。他們信任哪家公司為他們培養員工？」這句話引起我的注意。叔叔繼續說：「我覺得妳沒有意識到，妳已經成功了，妳為行事大膽的厲害人物提供建議。妳是一個厲害的人，在做大膽的事。我不能說妳會變得像中樂透一樣有錢，但不要懷疑自己的能力。妳是有影響力的。」

直至今日，我都清楚記得那次的對話，因為對我來說，那是真正讓我如醍醐灌頂的時刻。在很多方面，我的人生直到那時都是一場追逐遊戲。當然是一場有趣、令人振奮、快速、分泌腎上腺素的冒險（尤其是我在陸戰隊服役的日子），但仍是一場追逐遊戲。我一直不斷行動，在前往目的地的路上，甚至從未想過我可能早就到了。在這種情況下，我顯然已經爬到山頂，我卻視而不見。有時候我們需要周遭的人牢牢地推我們一把，讓我們抬起頭看見自己身在何方。

雖然當時的我並不完全了解他的話，但現在我已經明白了，我賭了自己一把，所以我可以支持、指導並訓練其他人也這麼做。那就是我的目的和使命。理解這一點後，我現在更能清楚地看見獲勝的時刻。就像我可以很好地看見我會在哪裡跌倒、偏離軌道和經歷挫折——通常是在我專注於追求一些新的目標，而不是在回饋社會的旅程途中。

現在我仍然很享受爬上巔峰的時光。我有目標、抱負、希望和夢想，大家都一樣，但我不再追逐，反而懂得欣賞山頂稍縱即逝的風景，品嘗並認識那些特別的時刻。而且我開始重視下坡，因為我知道那段路會帶領我到達另一個準備階段，而且是出於我的選擇，並非誤打誤撞。這就是勝利。明白什麼對你來說最重要，允許生命中的起伏帶你離快樂、滿足與回饋社會更近，而不是遠離那些能夠持續成功的因素。

## 持續帶來快樂的成功

歸根究柢，你的賭注之旅並非只是要創造一次巔峰的時刻，而是在於想像和創造更豐富的體驗。人生的目的是要生活，這代表你要認識並品味生活中最細微且安靜的勝利時刻。透過思考你想怎麼獲勝，你希望勝利會帶給你什麼感覺，以及注意到過程中細微的快樂，你會發現自己除了山頂的美好時光，也很享受達成目標前休息與準備的時間。

## 付諸實踐

- 前往官網 www.leadstar.us/bet-on-you 繼續建立你的個人冒險宣言，記錄你生活中微小的勝利。
- 記住勝利是一種情感，存在於讓你感到自豪的大大小小的成就中。
- 定義屬於自己的勝利時刻，不要參考別人的答案，那樣會導致更貪得無厭的追求。
- 透過記錄你的勝利並在內心慶祝以體驗成功。這個做法可以建立你的信心並激發你的幸福感。
- 勝利的程度可大可小，不要忽視細微的勝利；這些勝利會讓你意識到自己擁有的一切。
- 了解勝利是什麼感覺；也要知道當你實現目標時，你現在所渴望的成功看起來／感覺會有所不同。

• 當好事發生時（像是山頂時光），記得一定要抬起頭來欣賞美景。

1 比爾・華特森（Bill Watterson）。《凱文的幻虎世界慵懶夏日錄》（*The Calvin and Hobbes Lazy Sunday Book*）。坎薩斯城，密蘇里州：安德魯斯・麥克梅爾出版有限公司（Andrews McMeel Publishing），一九八九年，第六十頁。

2 《華爾街日報》（*Wall Street Journal*）二〇二〇年十月九日週末機密檔案專欄，艾倫・保羅（Alan Paul）：〈約翰・奧茲獨自奮戰〉（John Oates Stands Alone），詳情請見：https://www.wsj.com/articles/john-oates-stands-alone-11602258995。

3 《獨立報》（*The Independent*）二〇二〇年十月二日，海倫・布朗（Helen Brown）：〈霍爾與奧茲：「麥克・傑克遜在拯救生命演唱會上表示〈就是不能〉激發了〈比莉珍〉的創作」〉（Daryl Hall & John Oates: 'Michael Jackson told me at Live Aid that "I Can't Go For That" had inspired "Billie Jean"'），詳情請見：https://www.independent.co.uk/arts-entertainment/music/features/hall-oates-interview-michaeljackson-hunter-s-thompson-maneater-lyrics-tour-b694510.html。

4 雅虎！新聞（Yahoo! News），二〇一六年七月八日，克雷格・羅森（Craig Rosen）：〈約翰・奧茲談論他著名的小鬍子和最難忘的音樂回憶〉（John Oates Discusses His Famous Mustache and Favorite Musical Memories），詳情請見：https://www.yahoo.com/news/john-oates-discusses-his-famous-mustache-and-171741210.html。

# 第八章 為恐懼和失敗做準備

「大多數偉人實現的最大成就，與他們最大的失敗僅一步之遙。」

——拿破崙．希爾

**快速瀏覽**

本章探討當你害怕和遭遇失敗時該如何應對——這兩者大相逕庭，卻在同一個圈子裡搖擺不定。制定策略將讓你知道遇到狀況時該怎麼做。

**重點發想**

- 你的恐懼是真實且健康的，儘管可能與你認知的有所不同。了解自己的恐懼，別讓恐懼主宰你。
- 我們傾向把失敗視為不好的東西；然而失敗會以各種不同大小與形式出現。當你經歷失敗時，最好的應對方式是學習、適應和應用。
- 韌性是你從克服恐懼和失敗中汲取教訓得到的禮物。接受令你沮喪的，珍惜生活帶給你的不完美——這些東西不僅讓你與眾不同，你處理的方式也會決定成功與否。

我們希望你能將成功的模樣視覺化，盡可能清楚地想像，包括你的處境、你正在做的事情，甚至是你的穿著打扮；而且，不要只做一次。時常練習視覺化，因為你越常思考你想成就的現實，就越可能成真。

視覺化是一個很厲害的技巧，全球各地最傑出的運動員、商業大亨、思想領袖和影響家都在使用。獲得七次奧運金牌和打破世界紀錄的游泳冠軍姬蒂・雷德基[1]，表示她會想像自己成功的細節，細到每次比賽划水時的感覺。金・凱瑞[2]也是一位著名的想像實踐家，他不僅反覆想像自己功成名就，而且在他取得重大突破前，還給自己開了一張一千萬美元的支票「假裝勞務帳單」，並把支票放在皮夾裡，直到夢想成真。（他後來在接了電影《阿呆與阿瓜》的角色後，結清了那筆錢。）

我們的想像力對於我們體驗的事物有很強大的力量。雖然在你的賭注之旅中視覺化想獲得的成功很重要，但想像自己的恐懼和可能遭遇到的失敗也同樣重要。不要糾結於這些想像，要承認並計畫當狀況出現時該如何處理。

網球名將比莉・珍・金[3]過去經常分享，在比賽前她會花時間思考所有可能的失誤以及該怎麼應對，還有一切可能超出她控制範圍的情況。她還會特別專注於她的網側——而非她對手的——她知道如果想要成功，就得由她來掌控。當不可避免發生失誤時，她會認真地放下，不讓這些失誤影響接下來的比賽。

在你冒險的旅程中，我們希望你透過自己的選擇為所有令人驚奇的事物做好準備。我們也希望你能為人生中的兩個勁敵做好計畫——**恐懼和失敗**，因為它們將不可避免地成為你旅程的一部分。這兩個夢想殺手往往會一起現身，我們希望你制定應對計畫，才不會感到心灰意冷或困住自己。

## 夢想殺手

恐懼和失敗——這兩者大相逕庭，卻在同一個圈子裡搖擺不定。

恐懼是一種原始情緒，來自認為某個人或某件事有風險或危險，可能對我們產生傷害或痛苦的想法。雖然恐懼可能不具危害，但通常與我們面對的威脅不成比例，比方說：

你被鯊魚襲擊的機率是三百七十五萬分之一[4]，死於車禍的機率是一百零三分之一[5]。我們想知道：哪個更讓你害怕？（我們也更害怕鯊魚。）

顯然，我們的恐懼也可能不理智；然而，恐懼的存在卻告訴我們肯定有失敗的可能性。畢竟，失敗是我們共同的頭號恐懼。

當我們談到失敗時，我們常常想到的是災難級的損失，但失敗有很多樣貌。當我們尷尬、犯錯或失誤的時候，抑或是經歷失望或挫折，都會有失敗的感覺。例如：

- 你家進入領養程序最後一輪卻未被選中。
- 你花了好幾個小時設計提案卻沒中選。
- 你花了整個週末整理房子，卻連車庫都沒收拾完。
- 你不小心把寫給一個人的郵件按了「全部回覆」（而信件內容絕對不該被其他人知道）。

## 職業生涯中的冒險：安琪的故事

### 通往天堂的階梯

位於維吉尼亞州匡堤科的預備軍官學校，是所有有抱負的海軍陸戰隊軍官的訓練場。我在大三升大四那年暑假參加了為期六週的預備軍官學校體驗。準備參加預備軍官學校並非易事；我在密西根大學的海軍預備役軍官訓練營待了三年，學習軍事歷史，了解海軍陸戰隊的文化，好好鍛鍊體力，為這個缺乏睡眠、長途跋涉、艱苦的計畫做好準備。如果沒有通過這個有將近一半女性都被淘汰的訓練，我不僅要償還我的獎學金，而且今後都要面對這個失敗。後者的代價似乎更慘。

當時，在參加海軍預備役軍官訓練營的女性中，我是唯一想成為海軍陸戰隊一員的人，其他人則嚮往海軍。所以，我一週有三天會在早上五點起床，跟一名男性海軍陸戰隊實習官一起出去長跑，爬繩索直到手臂痠痛，並永無止境地做仰臥起坐，好為訓練營體能方面的課程做準備，是的，全部都發生在課程開始以前。

在我進入訓練營時，我覺得自己已經做好準備，因為我花了這麼多時間訓練。可以跟我在預備役軍官訓練營的團員一起受訓帶給我信心和勇氣，相信自己能通過體能測驗。但當我開始適應預備軍官學校的訓練場，並看到畢業需要通過的所有障礙時，我變得有點緊張，因為其中有很多是我沒辦法準備的挑戰，像是參考一般男性身高五呎九吋（約一百七十五公分）設計的障礙物。我很矮，真的，我才五呎三吋（約一百六十公分）。體能可以越練越好，但身高根本訓練不了。

尤其通往天堂的階梯看起來就叫人害怕，隨著我對挑戰越了解，就變得越恐懼。那是一個由木頭製成的階梯，高三十呎（約九百公分），筆直地朝半空中延伸。階梯的獨特之處在於底層的階梯很靠近。當你越往上爬時，階梯間的縫隙就越大。作為預備軍官的任務就是從一邊爬上去，爬到頂端後要翻過去，然後從另一邊爬下來。

訓練當天，教官提醒我們不管是上去還是下來都沒有支撐。我們還被告知要小心，因為只要跌倒就會導致背骨折。我很喜歡我們的教練漫不經心地提醒這件事的態度，彷彿摔斷背脊就跟摔斷一根刺沒什麼兩樣。

在我「欣賞」梯子底部的障礙物時，我很清楚要爬上頂層木頭，我沒辦法伸手去抓而後翻過身去；我必須跳起來去抓，用盡全身的力氣把腿跨過去，而當我用手臂攀住木頭後，我的腿會懸在半空中，在下方的木頭尋找落腳處，接著再往下爬。

我很害怕，簡直怕死了。不僅僅是身體上的恐懼，背脊斷掉意味著夢想破碎，沒辦法進入海軍陸戰隊，達成我所計畫畢業後的生涯。我還必須跟朋友和家人分享這段尷尬的經歷。沒有克服障礙的杞人憂天很快地充斥我的腦海，不勝枚舉。

但我知道一件事：在那一刻我所關注的任何事情都會引起我的注意。

我們的教練在整個培訓過程中反覆告訴我們，一切都是精神高於物質。如果我專注於自己的恐懼和隨之而來的失敗，我成功的機會就會受到限制；如果我專注於當下和需要做的事，我就有勇氣走向成功。

放棄對我來說不是選擇，所以我盡其所能地面對我的恐懼。我毫不費力地爬上前幾階，但我越往上爬，越多危險的想法自我腦海浮現，因為我必須把手伸得更遠，以抓到下一階。我有意識地在這些念頭浮現時盡快打住。**現在不要想了，安琪，專注於眼前和接下來的挑戰**。我會爬上下一階，然後再一階，每爬過一階我就越緊張。當我終於站上通往最頂層的倒數第二層階梯時，我抬頭看向上方，深吸一口氣，我知道我已經做好一切準備。在我起跳以前，我提醒自己為什麼來到這裡。我告訴自己我不會讓這個障礙阻止我的陸戰隊生涯，我用盡全力奮力一跳，抓住那根木頭，不拖泥帶水地讓我的身體翻過去。當我的一隻腳穩穩地踏到另一邊的圓木時，我著實鬆了一口氣，我很確定站在我下方的教練也聽到了。

我花了好幾個小時對抗對階梯的恐懼，克服恐懼卻只用了幾秒鐘。而我從這一刻起得到的自豪感？那將持續一輩子。當我翻過階梯下到底部時，我忍不住停下來，感受剛才不可思議的情況。我們的一位訓練指導員看到我露出笑容，對我大吼說：「有什麼好高興的，學員？繼續前進，快！」雖然我肯定會按照指導員的吩咐繼續前進，但我也把這一刻記在腦海裡，因為我知道在今後的生活中，無論面對何種形式的恐懼，都會常常想起這一刻，我知道自己需要做什麼：全神貫注。勝利的感覺比克服恐懼帶來的不適更值得。更重要的是，如果你不承認自己的恐懼，恐懼就會控制你所經歷的結果，直到導致失敗。

## 克服恐懼和計畫失敗的策略

我們的恐懼是絕對真實的，感受恐懼的當下所展現出的力量也無庸置疑。當你意識到自己出現害怕的感受時，不要讓恐懼轉移你的注意力，使你精疲力盡。相反地，要採用策略應付恐懼、合理化恐懼並簡化恐懼到適當的程度。這樣能幫助你處理在賭注之旅期間面臨到的恐懼，你就能體驗到在恐懼另一頭等待你的成功。

**＊策略一：永遠不要尋求「完美」**

對不完美的恐懼充其量只會導致拖延，最壞的情況則是停止夢想。我們遇過自稱是完美主義的人：

- 害怕申請職位，因為他們還需要多一點經驗。

- 還沒買第一棟房子，因為他們找不到對的那棟。
- 從未把商品上架到 Etsy 購物平台，因為他們的產品還不夠好。

這本書一直以來探討的都是將實現目標作為一連串的步驟，包括失誤、錯誤、實驗和嘗試、走走停停和以退為進。賭自己一把不是什麼簡單、直接和完美的過程。如果你是一個完美主義者，你可能會害怕冒險，因為什麼都不做似乎比做一些可能不正確的事還要好——我們說「正確」，指的是你經常設定太高，有時可能達不到的標準。

當談到賭自己一把時，你必須放棄完美主義的目標。這些目標既徒勞無功又不切實際。反之，要考慮到現實，為你用萬花筒分類法替自己確定的目標計畫和準備。爭取足夠好的機會。我們在 Lead Star 流傳著這麼一句話：我們的足夠好等於超級棒。當我們將完美主義運用在不完美的事物上時，會迫使我們採取行動。如果我們覺得有機會從這趟旅程中學到更多知識，並在過程中完善這個想法呢？太好了，我們將運用反覆開發的心態。足夠好是通往偉大之路的那扇可靠大門。

旅程過程中會發生一些讓你害怕的情況，也會出現你不擅長的領域和活動。不確定性會讓人沮喪，要注意，但不要害怕不完美。如果你仍然覺得有必要嘗試完美地做某件事，請完美地處理你的完美主義傾向——你為了抑制完美主義而付出的努力，將給予你克服的勇氣。

**＊策略二：用沙盤演練對抗恐懼**

我們都是孫子的信徒。如果你對《孫子兵法》不熟悉，現在翻開這本書，研讀這位中國古代將軍的智慧和哲學都不算太晚，他的兵法適用於戰爭、商業以及介於上述兩者間的任何事物。他的著作提醒我們：「知己知彼，百戰不殆。」

我們在第二章裡談到自我意識，即是這句話中的「知己」，但關於你的恐懼呢？你對那些敵人了解多少？

克服未知幾乎是不可能的。在你的冒險之旅中，先考慮最基本的問題，列出讓你害怕、擔心的事，以及這股不確定的情緒帶給你什麼感受。要知道，對你察覺到的事物有任何感受都很正常；我們還沒遇過不害怕戰鬥的戰士。

恐懼是一種健康的情緒。熟悉恐懼可以讓你調整情緒，以確保你沒有誇大自己的感受。恐懼也表明你尊重所面臨的挑戰，在面臨挑戰時不會太自負或自信，並且需要直接行動去克服。

然而，不受控制的恐懼並不健康，尤其是當恐懼氾濫的時候。背後通常隱藏著擔憂、不安全感、缺乏價值或長期抱持懷疑（通常源自他人，但你早已毫無疑問地接受）的複雜情緒。

如果你沒有好好理清自己害怕的事物，那麼你將放大自己的恐懼，你的人生將輕易受到恐懼支配，因為這個感受是建立在你感到恐懼的頻率上。這叫做增強效應，可能以很多徒勞無益的方式表現出來。例如，如果你擔心失去工作，即使是和老闆最平凡無奇的會面也能引發恐懼反應。或者，如果你對自己使用新的銷售方法感到緊張，那麼客戶對你的產品（而非你的方法）冷淡的評論可能會讓你退縮。

一旦你感到恐懼，就要運用沙盤演練處理這股情緒。就像比莉・珍・金一樣，想像面臨恐懼時該怎麼做。看見自己駕馭恐懼的心理，跨越障礙，儘管害怕也要體驗成功。心理戰會讓你做好演練及準備。企業在長期營運中一直在做這件事，我們也要把這個策略應用在生活中。

除了計畫如何克服恐懼外，沙盤演練還可以讓你設定界線，讓你在過程中不會跨越的那條線，因為你有機會想像自己的恐懼和潛在的失敗會是什麼樣子。你會吸收一些失敗。然後，在你的想像過程中，有時候你會意識到自己沒辦法接受其他失敗。

在軍隊中，我們稱其為走／停（go-no-go）決策。換句話說，如果我們能超越自身的恐懼，在旅程中找到自我，就可以利用走／停決策決定我們該堅持

（走！）還是讓步（停！）。

我們剛開始營運公司時，制定了走／停決策的標準，以測試公司業務的可行度和持續性。早年的時候，公司如果沒有達到某個收入目標，我們就會知道公司必須關門，因為我們撐不下去了。後來，當我們業績超過目標，日以繼夜地工作達成客戶需求，我們建立了新的走／停決策以決定「這值得嗎」的目標，這個想法來自於如果我們為了工作失去生命，那這一切意義何在？

走／停決策可幫助你了解何時需要鼓起勇氣，何時要加強並維持努力，也常指出何時需要屈服，因為成功不會到來，至少不是以你設想的方式。

當發生後者時，就無法取得成功，你需要採用下一個策略，因為失敗殺傷力很大。沒有轉圜的餘地。自相矛盾的是，失敗可能是我們人生中最大的禮物，因為正是失敗帶來的所有教訓和成長，讓我們有機會培養韌性。然而，當你失敗的時候，最困難的就是要相信這個經驗會帶來價值，並告訴自己：「未來的我會很感激現在所遭受的痛苦。」

## ＊策略三：做好失敗的計畫

我們健身的時候會很高興失敗，因為肌肉撕裂和瓦解是長出更強壯、耐用的體格典型的前兆。我們可以重視這個概念，因為它跟健身息息相關；我們卻很難把這個概念實際應用在生活的其他方面——我們的生活要經歷失敗才能成長。

沒有人喜歡失敗。然而，糟糕的情況可能會帶來很多好處，就像日本的金繕（Kintsugi）藝術一樣，透過將碎片混和金粉、銀粉或其他精緻元素來修補破碎瓷器，這是一種從不完美中誕生美麗藝術的形式。事實上，這是韌性近乎完美的象徵。

我們希望你為失敗做好準備，做好失敗的計畫。不要計畫特定的事件失敗，像是「我星期二跟客戶的會議將搞砸」，這是失敗主義者會做的事。你應該準備好客戶會議，進行排演並確信可以做好。但事情不盡人意，這時候就需要制定搶救計畫，讓此次失敗不會影響未來的成功。

**一個簡單的失敗計畫代表學習、適應和應用。**

簡單來說，就像人生的任何事一樣，說來容易，做起來難。重蹈覆轍的失敗是糊塗的，這代表你沒有學習到教訓。你有經驗，但沒有從錯誤中記取教訓。其次，學習但不改變毫無意義。知道更多卻從不適應有什麼意義？改變但不應用則代表你錯過從經驗中成長的機會。

一次失敗的經歷不該導致另一次失敗。如果某次開會情況不盡理想，那就要從那次糟糕的會議中學習、適應、應用並讓下一次會議變得更好。不需要創造並隨身攜帶包袱。此外，不要試圖把無關的失敗連結在一起。一次開會情況不盡理想，隔天發生爆胎，不代表全世界都在針對你，這兩次情況是分開且毫不相關的。

然而，如果你注意到自己生活中某個特定領域反覆出現差錯、失誤、微小的警訊，比如你過去幾次會議都沒有按計畫進行，那麼是時候注意這些細節了。罕見、災難性且不可逆的失敗通常伴隨著大量的警告信號。當你看見這些信號時，你可以：

- 加速你的學習、適應和應用。
- 做出體面或不體面的轉折。
- 什麼都不做並冒著隨船沉沒的風險。

請注意上述選項都沒有包括責備，那不是領導者該有的行為，此外，藉口只能滿足說藉口的人。

我們知道，要了解何時堅持、何時鬆懈是一個微妙的過程。然而，你對自己的失誤越能適應和負責，在需要做出可靠且良好的決定時，你越能好好表現，做出更好的判斷。例如，決定辭職。

## 職業生涯中的冒險：寇特妮的故事

### 放棄的力量

最近幾年我學到最寶貴的經驗之一，就是有時候你必須中途放棄已經開始的計畫，這個經驗與我的成長方式背道而馳。我的父母總是教我堅持、挺下去，在情況變得艱難時加倍努力。這是一個很好建議，直到我職業生涯到了某個階段，我所面對的挑戰複雜程度明顯提升。當我第一次考慮放棄時，我很難接受這個事實。畢竟，我在自己的承諾上投入了大量心血。不過，我學到了當遭遇困難時不該選擇放棄，在情況變糟糕時才應該放棄。

我說變**糟糕**，不是你遇到的痛苦不值得努力，就是你的目標不會實現，或是如果你想繼續就必須妥協一些事，像是你的價值觀和誠實。我現在知道每當我有這種感覺時，都需要一個不體面的轉折點。

我曾經不得不毅然決然地擺脫某個我很興奮能投入的角色——為一個公司高層的客戶服務。當時，那家公司的規模迅速擴展，並面臨與成功有關的正常挑戰和分歧。我透過對該公司進行諮詢，漸漸地對公司的創始人感到尊敬。他的才華和遠見很清晰且鼓舞人心。當我們討論讓我臨時加入該公司的團隊，而這個想法需要我全家人搬到歐洲時，我感到既興奮又害怕。以前我在工作上常常冒險，但沒有一次直接影響並打擾我的家庭生活。令人驚訝的是，我的家人並不認為這是一種打擾。一想到可以短暫搬到英國生活，大家都很興奮。

我全心全意地投入，希望得到最好的結果，但在幫助許多公司擴大規模後，我也敏銳地意識到可能會失敗。當我開始進入該公司內部工作時，我很快便意識到一些效率不佳的地方。儘管當時營收有所提升，但由於公司賺錢，迎來一波招聘潮，導致日常開支過高且工作流程混亂。這種情況並不讓人警覺或震驚，但確實導致公司全球分部進行裁員。我還為公司制定一項新策略，這是一個令人興奮、引人入勝的過程，因為有很多厲害的角色參與了會議。那段時期充滿挑戰，但也帶來很多希望，願意迅速採取行動似乎提高成功的可能性。

當我們的軌跡似乎回到正軌時，一個巨大的驚喜襲來。該公司陷入了早期的 MeToo 運動醜聞當中，造成很大的震盪。細節我就不細說了，但該公司必須認真看待某些指控。由於我跟執行長高度的信任關係，經過數小時的深入討論，他也理解我為什麼主張找一家備受推崇的公關公司，進行獨立且合法的調查與接觸。這是一筆額外的費用，確實會引起曝光，但我強烈地認為一家健康的公司運作都是透明的。我覺得我們必須給員工一個交代。

我知道這家公司有機會反省，從過去的經驗學習教訓，並朝更好的方向前進。儘管心裡會不舒服，但這需要極為謙虛的心態和責任感去做正確的事。儘管我感覺到執行長已經為此作好準備，有些股東則否。他們想要保護公司，以及許多受到指控、被很多「傳言」深深困擾的人。這讓他們和我建議公司的行進方向大相逕庭。

我意識到提前離開公司或許變成一種可能性。這對我的家人和 Lead Star 來說意義重大。我們跟客戶簽了一份價值數百萬美元的合約，包含我的薪資成本，以及我們團隊參與的策略、領導力發展和文化變革倡議的費用。這種潛在的退出需要付出巨大的經濟成本。

在所有事情的漩渦中，我和公司的執行長約在一個週日見面，了解彼此的想法。我分享我對公司內部的金融業務不可協商的擔憂、各種利益衝突的看法，以及為了確保我們對指控的危機應對措施的合法性，必須採取的步驟。我們還公開談論我的工作和已簽訂的 Lead Star 合約。經過長達數小時的交流，我相信我們兩人已經充分交流意見。雖然我無意發出任何形式的最後通牒，但我意識到，由於我們清楚和具體的談話，如果不採取某些行動，我將必須離開公司。

在談話後的幾天，執行長在我們會面中做出的承諾都被打破了。我不想辭去我的職務，但我別無選擇。我盡可能地讓自己的角色轉變，盡量不要太招搖。

這個變化來得突然，尤其是從旁觀者的視角。但我已經用盡所有方法，並迅速升級為極端的選擇，因為我必須快速止損，在失敗中前進。這個極其艱難的選擇造成的後果也極其艱難。我不得不在英國待久一點時間，以盡量減少這個決定對我家人的影響，好讓我的孩子順利適應轉變。在放棄公司利潤豐厚的合約後，我和安琪不得不重建 Lead Star。沒有簡單的出路。擺脫與失去和失望情緒有關的悲傷唯一的方法，是從留下來的爛攤子中進行實際的清理工作。

直至今日，我回想整個故事的細節，我依然希望能有不同的結局。但事實並未如此。當我回首過往時，我注重的是該如何在這種情況下發揮更好的領導力。透過了解我還能做什麼，或還能採取什麼不同的策略，對今天或今後都會帶來價值。但這不會改變我的選擇；當我遇到同樣的情況時，我還是會做相同的選擇，但我會更努力尋求不同的做事方式。

失敗不等於結束，而是你偉大人生的其中一個篇章。我們必須願意接受在追求希望、目標和夢想的過程中隨之而來不可避免的挫折，並從此經驗中成長，繼續前進。我不是失敗者，我是一個失敗很多次的領導者。每一次，我都會吸取經驗而變得更好，更有能力實現遠大的夢想。

## 為失去悲傷

利用失敗學習經驗代表完全接受隨之而來的震盪和未按計畫進行產生的情緒。讓自己感受悲傷，不要對抗悲傷的情緒，也不要淡化它。理清你受到的損失帶來的重要意義並感受它。如果你無法理解損失的重要性，就得不到經驗的回報。

悲傷不是一個線性過程，不能像日常生活中其他待辦事項那樣進行多工處理。而經歷悲傷沒有「正確」的方式，你必須要在場才能得到好結果。對於那些生活步調快、以成就為導向的人來說，這是一個挑戰。（記得在第一章的「慢就是穩，穩就會快」嗎？）沒有任何生活竅門可以讓你欺騙悲傷。

但人體有保護機制。就像你可以掌控事物的能力，這有助於集中注意力。你無法控制他人或外部因素，但你始終可以控制自己對當前情況的反應。

你也可以建立大腦分離和重建的能力。當你的腦海出現負面體驗時，很容易產生負面情緒，並重複在腦海中播放。但那是一個危險的領域，因為那是一種反芻現象，會導致過度、不必要和無益的壓力。與其陷入反芻陷阱，不如從精神上保持這種狀況，並嘗試尋找其他方式來看待它。換句話說，就是重建大腦。例如：

- 如果你在生意上失去了一個很大的客戶，與其注重在所有出錯的事情，不如選擇思考你學習到的所有經驗，以及從此以後你會有什麼不同的做法。當然可能會有後果，你要接受後果，並了解這是暫時的。然後，想像從現在開始的兩年後，你該怎麼回顧並描述這段經歷。以長遠的觀點看待事物是很好的方式。
- 如果你沒有被選中升職，但你的好朋友雀屏中選，你當然可以感到失望。但不要讓挫敗感影響你的人際關係，努力在你朋友轉換職位時期全心全意支持他們。想想如果是你獲得晉升，你會希望你朋友怎麼對你。然後，努力為你朋友成為那樣的人。
- 如果你成立的募款活動完全失敗——拜糟糕的食物、糟糕的參與率和錯過的發展目標所賜——提醒自己兩週過去後，這個失敗就不再重要。對你的計畫過程和結果負責，同時對自己發揮同情心。你可能會覺得難堪，但不要讓這股情緒持續下去。當你抱持正確的精神時，就會有機會回顧這段經歷，對你做的錯誤決定一笑置之，這樣你就可以將其分享出去，供他人學習。

最後一點是關鍵。我們的失敗能為其他人提供不可思議的間接經驗。你不需要隱藏失敗的過去，鼓起勇氣談論你的錯誤會讓你感到放鬆。隨著時間推移，你也會了解你分享越多，就越多人願意分享，也會有更多人感激那件將我們所有人連結在一起的事——沒有人是完美的，我們都會犯錯。

## 發現獎勵

恐懼和失敗是贈與我們的禮物。跟其他禮物一樣，你擁有選擇——你可以將其塞進衣櫃裡，不打開它；轉贈它，傳遞你的緊張、不安全感和自責給他人；或者你可以打開它，發現看起來讓人恐懼和破壞性大的東西或許可能釋放你的潛能，就像讓我們受到激勵的這名女性一樣。

## 職業生涯和生活中的冒險：瑪雅．加貝拉

### 取得突破，再創高峰

如果你曾嘗試過衝浪，就會了解這個順著海浪划水，然後試著站在衝浪板上保持平衡的挑戰。這是一個震撼人心的體驗。事實上，你要花好幾個小時的練習才能做出簡單的動作，像是在三英尺（約零點九公尺）高的海浪上衝浪。你能想像要站在大浪或人類史上已知最高的海浪上衝浪所需的時間和練習嗎？

瑪雅．加貝拉知道這題的答案，因為她做到了。二〇一八年，她創下女性衝浪第一個世界紀錄[6]，成功挑戰六十八英尺（約二十點七公尺）高

的大浪。到了二〇二〇年，她再次創下挑戰最高海浪紀錄，達到七十三英尺半（約二十二點四公尺）——事實上，這是二〇二〇年每一位參賽者都要挑戰的最高海浪。

如果她讓恐懼和過去的失敗阻止她前進，這一切都不可能發生。

二〇一三年，瑪雅在葡萄牙的納札雷追逐世界上最高巨浪的第一年，遭到了一次重大挫敗[7]，不僅幾乎毀了她的職業生涯，還差點要了她的命。海浪的力量使她右腳的腓骨斷成兩截，與此同時持續把她捲在水下很長一段時間。她曾臉朝下漂浮超過一分多鐘，她的衝浪搭擋將她拉到海灘上，對她實施心肺復甦術救了她。

她花了四年的時間恢復，歷經三次背部手術。讓我們解釋一下，對一名運動員而言，四年的時間不能運動很讓人心灰意冷。她可能也會想自己是否還可能繼續參加衝浪比賽。

在此期間，她遭遇到更多困難。所有贊助商不再贊助她，讓她沒有收入以支持未來的職業生涯。她罹患焦慮症和頻繁發作的恐慌症，還被衝浪運動的傳奇人物，包括萊爾德．漢密爾頓，在二〇一三年那場事故[8]後公開指責並警告，批評她沒有技術挑戰巨浪。

然而，瑪雅在這段時間做了功課，有鑑於先前的經驗，她嘗試了不同的工作。

在遭受如此重大的事故後，對瑪雅來說，明顯的改善方法包括改善她的游泳技巧、力量和技術。雖然她花了很多時間在衝浪的基礎上，她理解危機的能力，並推動思考她技術層面以外的部分，才是讓她僅僅經過七年，便從最糟糕的衝浪選手一躍成了世界第一好手。

她知道自己需要以創造性的方式成長，為此她意識到不僅作為個人，且作為隊友也需要有所突破。她藉由成為更強大的夥伴，希望激勵更優秀的巨浪衝浪者與她合作。

所以，她在恢復期間不只專注治療，還著重在支持別人。在拖曳滑浪中，運動員以兩人或三人一組的形式參加，一人負責駕駛拖曳水上摩托車，另一人負責觀看比賽，以在衝浪者被海浪巨大的力量吞噬時進行救援。她學會駕駛水上摩托車，並有效地進行救援。因此當她康復到可以再次衝浪時，她以德國屢獲殊榮的衝浪好手塞巴蒂斯安・施托夫納出色的搭擋出現在眾人眼前。成為一個很好的搭擋讓她整體上變得更好。

瑪雅進行最後一次手術後，回到了賽場上，以其他衝浪好手無法想像的方式提升了她的最佳狀態。

希望你像我們一樣受到瑪雅的故事激勵，這個故事能真正證明恐懼和失敗不一定會成為你前進的阻力。如果你對可以學習的教訓持開放態度，你就能夠用難以想像的方式造福你的生活。對於瑪雅來說，這個方式就是衝浪。那你呢？這是一件很令人興奮的事——你有能力定義對你來說重要的成就。當你開始冒險時，你所設想的希望、目標和夢想將出現在你人生的旅途中。

每個領導者都經歷過恐懼和失敗。最好的領導者帶著滿滿的好奇心穿過山谷。接受失去的東西，檢視這些經驗帶來的教訓，並努力適應和應用從中習得的重點。接受冒險意味著為失誤和挫折做好準備，知道這些事情會帶來寶貴的經驗，讓通往更加成功的道路更有意義、更快樂且更可能達成。

## 付諸實踐

- 前往官網 www.leadstar.us/bet-on-you 完成你的個人冒險宣言最後一部分，寫下你的恐懼並計畫你的反應。
- 熟悉你的恐懼並進行沙盤演練，如此一來，當你遇到恐懼時就能克服。
- 接受失敗是冒險之旅的一部分。失敗無可避免，我們需要學會欣賞這個偉大的人生導師。

- 罕見、災難性的失敗往往會伴隨警告信號，請找出這些訊號，有助減輕失敗的程度。
- 了解自己的走／停決策，使用這個標準決定該堅持還是放下。
- 情況變困難前不要放棄，情況變糟糕前才要放棄。
- 悲傷不能被登記在日曆上或當作待辦事項，必須經過處理才能讓你從失敗中成長。
- 當你從失敗中學習、適應和應用教訓時，就有機會變得更強大且更好。

1 《Inc.》潔西卡・羅韋洛（Jessica Rovello）：〈五種姬蒂・雷德基、麥可・費爾普斯和其他奧運選手們將成功視覺化〉（5 Ways Katie Lydecky, Michael Phelps, and Other Olympians Visualize Success），詳情請見：https://www.inc.com/jessica-rovello/five-steps-to-visualize-success-like-an-olympian.html。

2 歐普拉官網，二〇一一年十月十二日，歐普拉・溫芙蕾（Oprah Winfrey）：〈歐普拉從金・凱瑞身上學到的事〉（What Oprah Learned from Jim Carrey），詳情請見：https://www.oprah.com/oprahs-lifeclass/what-oprah-learned-from-jim-carrey-video。

3 《今日心理學》（*Psychology Today*），二〇一三年十月七日，荷普・帕爾曼（Hope Perlman）：〈比莉・珍・金能夠持續成功的五個祕訣〉（5 Secrets of Sustainable Success By Billy Jean King），詳情請見：https://www.psychologytoday.com/us/blog/unmapped-country/201310/5-secrets-sustainable-success-billy-jean-king。

4 《內幕》（*Insider Inc.*），二〇一八年七月二十一日，凱莉・麥勞克林（Kelly McLaughlin）：〈在海灘游泳遭到鯊魚攻擊的機會〉（The Chances of Getting Bitten by a Shark While You're Swimming at the Beach），詳情請見：https://www.insider.com/shark-attacks-what-are-odds-of-getting-bitten-2018-7。

5 《紐約時報》（*The New York Times*），二〇一九年一月十四日，派翠西亞・瑪翠（Patricia Mazzei）：〈鴉片、車禍和高空墜落：在美國的死亡機率〉（Opioids, Car Crashes and Falling: The Odds of Dying in the U.S.），詳情請見：https://www.nytimes.com/2019/01/14/us/opioids-car-crash-guns.html。

6 《金氏世界紀錄》（*Guinness World Records*），二〇一八年十月一日，大衛・史塔賓斯（David Stubbings）：〈瑪雅・加貝拉挑戰六十八呎巨浪榮獲女性兩項金牌獎絲帶殊榮〉（68-ft Wave Surfed by Maya Gabeira Confirmed as Largest Ridden by a Woman as She Receives Two Awards），詳情請見：https://www.guinnessworldrecords.com/news/2018/10/68-ft-wave-surfed-by-maya-gabeira-confirmed-as-largest-ridden-by-a-woman-as-she-r-542488。

7 《紅色布告欄》（*The Red Bulletin*），二〇一九一月三十一日，露・博伊德（Lou Boyd）：〈瑪雅・加貝拉：我只是想「完了，我要死了」〉（Maya Gabeira: I Just Thought, 'This Is It, I'm Going to Die'），詳情請見：https://www.redbull.com/gb-en/theredbulletin/Maya-Gabeira-interview-surfing。

8 露・博伊德：〈瑪雅・加貝拉：我只是想「完了，我要死了」〉。

結論

# 你做得到：一步一步來

你在「賭一把」的旅程中了解到冒險並不只是一項會立即改變你人生方向的重大決定。

冒險實際上是大膽面對不確定性，每天做出細微的選擇，這些選擇會讓你朝著更好的夢想和目標前進，使你發揮潛力。

你還有機會發現什麼會讓自己快樂、創造滿足感，並為生活帶來更大的意義。想想看——只要透過微小的冒險，就可以讓每一天發生充滿驚喜的事，並鼓勵自己承擔更大的風險。像是：

- 跟你的主管安排時間，討論你希望為團隊貢獻的新方式，以及靈活的時間表會如何支持你的工作。
- 在你的生活中尋找空白邊界以嘗試新想法和冒險的實驗。
- 制定商業計畫草案並與商業借貸專員見面，詢問你想為自己做的業務有多少貸款額度。
- 在大學進行調查，了解重返校園需要什麼。

上述任何一個選擇都代表進一步實現心中夢想的機會。此外，做了這種形式的冒險又會有什麼問題？回顧這一刻，希望你有勇氣去做一件又一件的小事。

冒險是一種實力，是透過時間、自信和更能自我依賴的能力建立起來的。當你發現冒險可以帶來微微的獲勝感時，你會把自己推向新的探索領域，讓你加深對更長期且可持續的勝利生活的感受。

我們迫不及待想讓你發現賭自己一把帶來的回報。比起保險起見的生活方式，願意冒險的人最終會更滿意並滿足自己的生活。[1] 此外，你一直遵循的舊路已經達到極限，是時候偏離正軌，學習一個新技能，讓你變得更像自己想成為的那個人——更有能力、更自信且更好的自己，滿足對自己的高期望。

只有你知道自己會在何時因為何事退縮。這些無形且通常是自我形成的障礙對你沒有用。如果有用，就是在否認你內心的「伊薩卡島」——我們人生旅途中都應該努力爭取的事物。

## 尋找你的伊薩卡島

詩人康斯坦蒂諾斯．卡瓦菲斯在一九一一年寫下經典詩作《伊薩卡島》，當你願意在日常生活中有意識地冒險，這首詩將為你照亮前路。

這首詩的靈感來自荷馬的作品《伊里亞德》和《奧德賽》，故事圍繞著希臘國王尤利西斯展開，他是特洛伊戰爭的英雄，當時他正準備離開特洛伊，返回他的家鄉，一座名為伊薩卡的希臘小島。這趟旅程花了他十年的時間。

在那十年裡，卡瓦菲斯提醒尤利西斯，只有當他給予關注並惦記時，才會在旅途中遇到危險：巨食人族拉斯忒呂戈涅斯、獨眼巨人庫克洛普斯和憤怒的海神波賽頓。他鼓勵尤利西斯沿途停靠從未見過的港口去購物和探索——**願你在腓尼基貿易站停留購買精美藝品**。卡瓦菲斯也提醒他，他應該多花時間在他的成長之旅中——**拜訪許多埃及城市，持續跟該城市的學者學習**。

雖然尤利西斯不該忘記他在返家的途中，但卡瓦菲斯提醒他不要急著返回伊薩卡島，否則他會錯過旅途中的財富。**倘若旅途能持續好幾年更好，儘管回到島上時年歲已長，但你已擁有沿途所收穫的富足**。

旅程無關目的地。所謂目的地是激發學習、成長、發現和機會的方向。**你會變得很聰明，充滿很多經驗，到時候你就會明白一個個伊薩卡島的意義**。

每個人心中都有一座伊薩卡島，可以激發我們的感官、想像力並創造奇蹟。那不是目的地，而是我們往前邁進的方向，為了發現我們來到這個地球上所經歷和要完成的目標。

沒有兩次一模一樣的伊薩卡之旅，但要知道你不必獨自行走。

你已經在賭自己一把的過程中制定了冒險宣言，這份宣言將不斷提醒你該採取哪些步驟去實現對你最有意義的事。把宣言帶在身邊，你就可以隨時了解努力的方向，察覺在冒險途中等待你的機會。

透過重新思考冒險可能為你的生活帶來的影響，你已經明白對你而言成功的定義及重要性；你已意識到利用萬花筒分類法進行冒險很激勵人心，因為它能平衡你的生活；你已花時間認識指導者的類別：大舞台家、擁護者和無從選擇者，這些人準備好在你身後為你歡呼，當你需要他們時，他們就在你身邊。

我們也邀請你成為我們幾十年來持續建立的領導力社區的一員。前往Lead Star官網，並了解如何和我們以及希望你成功的冒險者互動。我們會提供你支持，希望你放心，在你內心某個角落也存在一些偉大的領導者。

你現在已經準備好冒險了。接下來的步驟由你完成，好消息是你能辦到。

你已經準備進行人生最重要的賭注——賭自己一把。

1 《網路醫生》（WebMD）網站，二〇〇五年九月十九日，珍妮佛·華恩納（Jennifer Warner）：〈冒險會更快樂嗎？〉（Are Risk Takers Happier?），詳情請見：https://www.webmd.com/balance/news/20050919/are-risk-takers-happier。

高寶書版集團
gobooks.com.tw

**RI 375**
**冒險力：**Google、Facebook都在用，駕馭不穩定未來最需要的實力
Bet On You : How To Win With Risk

作　　者　安琪・摩根（Angie Morgan）、寇特妮・林奇（Courtney Lynch）
譯　　者　陳思華
責任編輯　林子鈺
封面設計　林政嘉
內頁排版　趙小芳
企　　畫　鍾惠鈞

發 行 人　朱凱蕾
出　　版　英屬維京群島商高寶國際有限公司台灣分公司
　　　　　Global Group Holdings, Ltd.
地　　址　台北市內湖區洲子街88號3樓
網　　址　gobooks.com.tw
電　　話　（02）27992788
電　　郵　readers@gobooks.com.tw（讀者服務部）
　　　　　pr@gobooks.com.tw（公關諮詢部）
傳　　真　出版部（02）27990909　行銷部（02）27993088
郵政劃撥　19394552
戶　　名　英屬維京群島商高寶國際有限公司台灣分公司
發　　行　希代多媒體書版股份有限公司/Printed in Taiwan
初版日期　2023年 08 月



冒險力：Google、Facebook都在用,駕馭不穩定未來最需要的實力 / 安琪.摩根(Angie Morgan), 寇特妮.林奇(Courtney Lynch)著；陳思華譯. -- 初版. -- 臺北市：英屬維京群島商高寶國際有限公司臺灣分公司, 2023.08
面；公分.--（致富館；RI375）
譯自：Bet On You : How To Win With Risk

ISBN 978-986-506-768-7（平裝）

1.CST: 成功法　2.CST: 自我實現

177.2　　112009428